Az Olasz Kulináris Kalandok Mesterei

Elena Rossi útmutatásával a Valódi Olasz Ízek Világában

Elena Rossi

TARTALOM

Tonhallal töltött cukkini 8

Sült cukkini 10

Cukkinis flans 12

Édes-savanyú téli squash 14

Grillezett zöldségek 16

Sült téli gyökérzöldségek 18

Nyári zöldségpörkölt 20

Rakott zöldséges rakott 23

Házi kenyér 28

Gyógynövényes kenyér 30

Marche stílusú sajtos kenyér 33

Arany kukoricatekercs 36

Fekete olajbogyó kenyér 39

Stromboli kenyér 42

Diós sajtos kenyér 45

Paradicsom tekercs 48

Vidéki briós 51

Szardíniai zenei papír kenyér 54

Lilahagymás laposkenyér 57

Fehérboros laposkenyér ... 60

Napon szárított paradicsomos laposkenyér ... 63

Római burgonyás laposkenyér ... 66

Emilia-Romagna grillezett kenyerek ... 69

Kenyérrudak ... 72

Édeskömény karikák ... 75

Mandula és fekete bors karikák ... 78

Házi pizza ... 81

Nápolyi pizza tészta ... 84

Mozzarella, paradicsomos és bazsalikomos pizza ... 87

Paradicsomos, fokhagymás és oregánós pizza ... 89

Vadgombás pizza ... 91

Calzoni ... 94

Szardella rántott ... 97

Paradicsom és sajt forgalom ... 100

húsvéti pite ... 102

Szicíliai kardhal pite ... 106

Scallion Pite ... 111

Ragúval töltött csirke ... 115

Sült főtt csirke ... 118

Csirke tégla alatt ... 121

Citromos csirke saláta ... 123

Csirke saláta két paprikával 126

Piemonti csirke saláta 129

Hengerelt töltött pulykamell 132

Buggyantott pulykafasírt 134

Pulykatekercs vörösboros paradicsomszósszal 137

Kacsamell édes-savanyú fügével 140

Sült kacsa fűszerekkel 143

Serpenyőben sült fürj vargányával 146

Grillezett fürj 149

Fürj paradicsommal és rozmaringgal 151

Párolt fürj 153

Grillezett firenzei steak 160

Steak balzsammázzal 162

Shell steak medvehagymával, pancettával és vörösborral 164

Szeletelt steak rukkolával 166

Filé mignon steak gorgonzolával 168

Paradicsomszósszal töltött marhatekercs 170

Marhahús és sör 172

Marha-hagymás ragu 174

Borsos marhapörkölt 177

Friuli marhapörkölt 179

Vegyes hús pörkölt, vadász módra 181

Marhagulyás ... 184

Római stílusú ökörfarkú pörkölt ... 187

Párolt marha csülök ... 190

Marhahússal töltött padlizsán ... 192

Nápolyi húsgombóc ... 194

Fasírt fenyőmaggal és mazsolával ... 196

Káposzta és paradicsom húsgombóc ... 199

Húsgombóc, bolognai módra ... 202

Marsala húsgombóc ... 205

Fasírt, régi nápolyi stílusban ... 207

Fazék sült vörösborral ... 209

Sült hagymás szósszal és tésztával ... 211

Tonhallal töltött cukkini

Cukkini Tonnóval

6 adagot készít

Aperitifként ettem őket egy toszkán vidéki étteremben. Gyakran tálalom főételként zöldsalátával.

2 szelet napos olasz vagy francia kenyér, héj nélkül (kb. 1/3 csésze kenyér)

1/2 csésze tej

6 kis cukkini, vágva

1 doboz (6 1/2 uncia) tonhal olívaolajba csomagolva

1/4 csésze frissen reszelt Parmigiano-Reggiano plusz 2 evőkanál

1 gerezd fokhagyma, finomra vágva

2 evőkanál finomra vágott friss lapos petrezselyem

Frissen reszelt szerecsendió

Só és frissen őrölt fekete bors

1 nagy tojás, enyhén felverve

1. Helyezzen egy rácsot a sütő közepére. Melegítse elő a sütőt 425 °F-ra. Egy akkora sütőedényt olajozzon ki olajjal, hogy a cukkinifélék egy rétegben elférjen benne.

2. A kenyeret meglocsoljuk tejjel, és puhára áztatjuk. A cukkinit ecsettel dörzsölje le hideg folyó víz alatt. Vágja le a végeket.

3. A cukkinit hosszában félbevágjuk. Egy kiskanállal kikanalazza a pépet, hagyjon egy 1/4 hüvelykes héjat, és tegye félre a pépet. A cukkini héját vágott felükkel felfelé az előkészített tepsibe helyezzük. A cukkini pépet felaprítjuk, és egy tálba tesszük.

4. A tonhalat lecsepegtetjük, az olajat félretesszük. A tonhalat egy nagy tálban pépesítjük. Kinyomkodjuk a kenyeret, és hozzáadjuk a tonhalhoz az apróra vágott cukkinipéppel, 1/4 csésze sajttal, fokhagymával, petrezselyemmel, szerecsendióval és ízlés szerint sózzuk, borsozzuk. Jól összekeverni. Belekeverjük a tojást.

5. A keveréket a cukkini héjába öntjük. Elrendezzük a cukkinit a tepsiben. Meglocsoljuk egy kis tonhalolajjal. megszórjuk a maradék sajttal. Öntsön 1/2 csésze vizet a cukkini köré.

6. Süssük 30-40 percig, vagy amíg a cukkini aranybarna és késsel megszúrva puha nem lesz. Forrón vagy szobahőmérsékleten tálaljuk.

Sült cukkini

Cukkinis krumpli

6 adagot készít

A sör jó ízt és színt ad ennek a tésztának, míg a buborékok könnyűvé teszik. A tészta jó halak, hagymakarikák és egyéb zöldségek sütésére is.

6 kis cukkini

1 csésze univerzális liszt

2 nagy tojás

¼ csésze sör

Növényi olaj sütéshez

Só

1. A cukkinit ecsettel dörzsölje le hideg folyó víz alatt. Vágja le a végeket. Vágja a cukkinit 2 1/4 × 1/4 hüvelykes csíkokra.

2. A lisztet egy viaszos papírlapra kenjük. Egy közepesen sekély tálban verjük habosra a tojásokat. Keverje hozzá a sört, amíg jól el nem keveredik.

3. Öntsön körülbelül 2 hüvelyk olajat egy vastag fenekű serpenyőbe vagy olajsütőbe a gyártó utasításait követve. Melegítse fel az olajat közepes lángon, amíg egy csepp tojáskeverék sercegni nem kezd, amikor a serpenyőbe adjuk, és a hőmérséklet el nem éri a 370 °F-ot egy mélysütő hőmérőn.

4. A cukkinicsíkok körülbelül negyedét lisztbe forgatjuk, majd a tojásos keverékbe mártjuk.

5. A cukkinit fogóval megfogva hagyjuk lecsepegni a fölösleges tésztát, majd darabonként az olajba tesszük a cukkinit. Csak annyit adjon hozzá, amennyi zsúfoltság nélkül elfér. Süssük ropogósra és aranybarnára a cukkinit, körülbelül 2 perc alatt. Vágja ki a cukkinit egy lyukas kanál segítségével. Papírtörlőn lecsepegtetjük. Alacsony sütőben melegen tartjuk, míg a többi sül.

6. Megszórjuk sóval és forrón tálaljuk.

Cukkinis flans

Cukkini formátum

6 adagot készít

Hat kis ramekinre vagy tűzálló edényre lesz szüksége ezeknek a finom lapoknak. Sültek kísérőjeként vagy tavaszi villásreggelihez sonkával tálaljuk. Általában hagyom állni egy-két percig, majd kibontjuk a formából, de ha közvetlenül a sütőből tálaljuk, miközben még puffadt, akkor előételként finom szufla lesz. De siess; gyorsan elsüllyednek.

A cukkinit helyettesítheti brokkolival, spárgával, sárgarépával vagy más zöldségekkel.

1 evőkanál sótlan vaj, olvasztott

3 közepes cukkini vastag szeletekre vágva

4 nagy tojás, szétválasztva

½ csésze reszelt Parmigiano-Reggiano

Csipet só

Csipet őrölt szerecsendió

1. A cukkinit ecsettel dörzsölje le hideg folyó víz alatt. Vágja le a végeket.

2. Helyezzen egy rácsot a sütő közepére. Melegítse elő a sütőt 350 °F-ra. Bőségesen kenje meg hat darab 4 uncia ramekint vagy sütőálló pudingpoharat az olvasztott vajjal.

3. Forraljunk fel egy nagy fazék vizet. Adjuk hozzá a cukkinit és forraljuk fel. 1 percig főzzük. A cukkinit jól lecsepegtetjük. Szárítsa meg a darabokat nedvszívó papírral. A cukkinit aprítógépen átpasszírozzuk, vagy robotgépben simára turmixoljuk. Tegye át a cukkinipürét egy nagy tálba.

4. A cukkinihez adjuk a tojássárgáját, a parmezánt, a sót és a szerecsendiót, és jól összekeverjük.

5. Egy nagy tálban elektromos habverővel verjük fel a tojásfehérjét, amíg a mixer felemelésekor lágy csúcsok nem lesznek. Gumilapát segítségével óvatosan a fehérjét a cukkinis keverékbe forgatjuk.

6. Öntse a keveréket a csészékbe. Süssük 15-20 percig, vagy amíg a teteje enyhén megpirul, és a közepéhez szúrt kés tisztán ki nem jön. Vegye ki a csészéket a sütőből. 2 percig pihentetjük, majd egy kis késsel körbefutjuk a csészék belsejét, és a lapokat tányérra fordítjuk.

Édes-savanyú téli squash

Fegato dei Sette Cannoli

Ennek a töknek a szicíliai neve „hét fegyver mája". Palermo hétágyús negyede, amelyet egy híres szökőkútról és emlékműről neveztek el, egykor annyira szegény volt, hogy lakói nem engedhették meg maguknak a húst. Ebben a receptben a sütőtököt helyettesítették, amelyet általában májból készítenek. Cukkini-, sárgarépa- vagy padlizsánszeletekkel is elkészíthető.

Tervezze meg ezt legalább egy nappal tálalás előtt, mert az íze javulni fog. Jól eláll néhány napig.

Bár a szicíliaiak általában sütik a tököt, én inkább megsütem. Antipasto-nak is jó.

1 kis vajdió, makk vagy más téli tök vagy sütőtök 1/4 hüvelyk vastag szeletekre vágva

Olivaolaj

⅓ csésze vörösborecet

1 evőkanál cukor

Só

2 gerezd fokhagyma, nagyon apróra vágva

⅓ csésze apróra vágott friss lapos petrezselyem vagy menta

1.Öblítse le a tököt és szárítsa meg. Vágja le a végeit egy nagy, nehéz szakácskéssel. Zöldséghámozóval lehúzzuk a bőrt. Vágja félbe a tököt, és távolítsa el a magokat. Vágja a tököt 1/4 hüvelyk vastag szeletekre. Melegítsük elő a sütőt 400°F-ra.

2.A tökszeleteket mindkét oldalát alaposan megkenjük olajjal. A szeleteket sütőpapíros tepsire helyezzük egy rétegben. 20 percig főzzük, vagy amíg megpuhul. Fordítsa meg a szeleteket, és süsse még 15-20 percig, vagy amíg a tök megpuhul, ha egy késsel megszúrja és enyhén megpirul.

3.Közben egy kis serpenyőben felforrósítjuk az ecetet, a cukrot és a sót ízlés szerint. Addig keverjük, amíg a cukor és a só fel nem oldódik.

4.Egy tányéron vagy egy sekély tálban helyezzünk el néhány szelet tököt egyetlen rétegben, kissé átfedve. Megszórjuk egy kis fokhagymával és petrezselyemmel. Addig ismételjük a rétegezést, amíg az összes tök, fokhagyma és petrezselyem el nem fogy. Mindenre öntjük az ecetes keveréket. Tálalás előtt legalább 24 órával letakarva hűtjük.

Grillezett zöldségek

Greenery alla Griglia

8 adagot készít

A grillezés a zöldségek főzésének egyik legjobb módja. A grill füstös ízt ad nekik, a grillnyomok pedig látványosabbá teszik őket. Vágja a zöldségeket vastag szeletekre vagy nagyobb darabokra, hogy a grillrácson keresztül ne essen a lángokba. Ha kívánja, tálalás előtt megkenheti őket olajos-ecetes vinaigrette-vel.

1 közepes padlizsán (kb. 1 font) 1/2 hüvelyk vastag szeletekre vágva

Só

1 nagy vörös vagy spanyol hagyma, 1/2 hüvelyk vastag szeletekre vágva

4 nagy gomba, portabello típusú, szárát eltávolítva

4 közepes paradicsom kimagozva és keresztben félbevágva

2 nagy piros vagy sárga paprika, kimagozva, kimagozva és negyedekre vágva

Olivaolaj

Frissen őrölt fekete bors

6 friss bazsalikom levél darabokra tépve

1. Vágjuk le a padlizsánok tetejét és alját. A padlizsánt keresztben 1/2 hüvelyk vastag szeletekre vágjuk. A padlizsánszeleteket bőségesen megszórjuk sóval. Tegye a szeleteket egy szűrőedénybe, és hagyja 30 percig egy tányér tetején lecsepegni. Mossa le a sót hideg vízzel, és törölje szárazra a szeleteket papírtörlővel.

2. Helyezzen egy grillezőt vagy grillrácsot körülbelül 5 hüvelykre a hőforrástól. A grillt vagy a brojlert előmelegítjük.

3. A zöldségszeleteket megkenjük olívaolajjal, és az olajozott oldalukkal a hőforrás felé helyezzük. Főzzük enyhén barnára, körülbelül 5 percig. A szeleteket megfordítjuk és megkenjük olajjal. Süssük aranybarnára és puhára, körülbelül 4 percig. A zöldségeket megszórjuk sóval, borssal.

4. A zöldségeket egy tálra rendezzük. Meglocsoljuk további olajjal és megszórjuk bazsalikommal. Forrón vagy szobahőmérsékleten tálaljuk.

Sült téli gyökérzöldségek

Zöldség al Forno

6 adagot készít

Ezt az ízletes, gyönyörűen barnított zöldségek ihlették, amelyek gyakran kísérik a sült húsokat Észak-Olaszországban. Ha a serpenyő nem elég nagy ahhoz, hogy a zöldségeket egyetlen rétegben tartsa, használjon két serpenyőt.

2 közepes fehérrépa, meghámozva és negyedekre vágva

2 közepes sárgarépa, meghámozva és 1 hüvelyk hosszúságúra vágva

2 közepes paszternák, meghámozva és 1 hüvelykes darabokra vágva

2 közepes univerzális burgonya negyedekre vágva

2 közepes hagyma, negyedekre vágva

4 gerezd fokhagyma, meghámozva

⅓ csésze olívaolaj

Só és frissen őrölt fekete bors

1. Helyezzen egy rácsot a sütő közepére. Melegítse elő a sütőt 450°F-ra. Keverje össze a vágott zöldségeket és a fokhagymagerezdeket egy nagy serpenyőben. A zöldségek csak egy réteg mélyek lehetnek. Ha szükséges, használjon két serpenyőt, hogy a zöldségek ne zsúfolódjanak össze. A zöldségeket meglocsoljuk az olajjal, és ízlés szerint sózzuk, borsozzuk.

2. Süssük a zöldségeket körülbelül 1 óra 10 percig, 15 percenként fordítsuk meg őket, amíg puha és aranybarna nem lesz.

3. Tedd át a zöldségeket egy tálba. Forrón tálaljuk.

Nyári zöldségpörkölt

Ciambotta

4-6 fő részére

Nyáron hetente többször elmegyek a helyi termelői piacra. Szeretek gazdákkal beszélgetni, és kipróbálni az általuk árult sok szokatlan terméket. Ha nem lett volna a piac, biztos vagyok benne, hogy soha nem kóstoltam volna meg olyan dolgokat, mint a vörös pitypang, a porcsin, a báránynegyed és még annyi más zöldség, amit a szupermarketben nem lehet kapni. Sajnos gyakran túl sokat vásárolok. Ekkor készítek ciambottát, egy dél-olasz zöldségpörköltet.

Ez a különleges ciambotta a klasszikus, padlizsán, paprika, burgonya és paradicsom kombinációja. Csodálatos köretként, vagy reszelt sajttal megszórva húsmentes főételként. Hidegen is fogyaszthatod pirítósra kenve crostinihez, melegen pedig szendvicsfeltétként szeletelt mozzarellával.

1 közepes hagyma

4 olasz paradicsom

2 univerzális burgonya, meghámozva

1 közepes padlizsán

1 közepes piros paprika

1 közepes sárga paprika

Só és frissen őrölt fekete bors

3 evőkanál olívaolaj

½ csésze tépett friss bazsalikomlevél vagy frissen reszelt Parmigiano-Reggiano vagy Pecorino Romano (opcionális)

1. Vágja le a zöldségeket, és vágja falatnyi szeletekre. Egy nagy serpenyőben a hagymát olajon közepes-alacsony lángon 5-8 perc alatt puhára pároljuk.

2. Adjuk hozzá a paradicsomot, a burgonyát, a padlizsánt és a paprikát. Sózzuk, borsozzuk ízlés szerint. Fedjük le, és időnként megkeverve főzzük körülbelül 40 percig, vagy amíg minden zöldség megpuhul, és a folyadék nagy része elpárolog. Ha a keverék túl száraz lesz, adjunk hozzá néhány evőkanál vizet. Ha túl sok a folyadék, fedje le és főzze még 5 percig.

3. Melegen vagy szobahőmérsékleten, sima vagy bazsalikommal vagy sajttal díszítve tálaljuk.

Variáció: Ciambotta tojás: Amikor a zöldségek készen vannak, 4-6 tojást sóval jól keverjünk fel. A tojásokat ráöntjük a zöldségekre. Ne keverje. Fedjük le a serpenyőt. Főzzük, amíg a tojás meg nem áll, körülbelül 3 percig. Forrón vagy szobahőmérsékleten tálaljuk.

Rakott zöldséges rakott

Teglia di Verdure

6-8 fő részére

Ehhez a rakotthoz használjon szép sütő- és tálalóedényt, és tálalja a zöldségeket az edényről. Jól illik frittatához, csirkehúshoz és sok más ételhez.

1 közepes padlizsán (kb. 1 font), meghámozva és vékonyra szeletelve

Só

3 közepes univerzális burgonya (kb. 1 font), meghámozva és vékonyra szeletelve

Frissen őrölt fekete bors

2 közepes hagyma

1 pirospaprika és 1 zöldpaprika kimagozva és vékonyra szeletelve

3 közepes paradicsom apróra vágva

6 bazsalikom levél darabokra tépve

1/3 csésze olívaolaj

1. A padlizsánt meghámozzuk, és keresztben vékony szeletekre vágjuk. A szeleteket kiterítjük egy szűrőedénybe, mindegyiket bőven megszórjuk sóval. Helyezze a szűrőedényt egy tányérra, és hagyja állni 30-60 percig, hogy lecsöpögjön. Öblítse le a padlizsánszeleteket és szárítsa meg.

2. Helyezzen egy rácsot a sütő közepére. Melegítse elő a sütőt 375 °F-ra. Bőségesen kiolajozzon egy 13 × 9 × 2 hüvelykes sütőedényt.

3. Az edény aljára készítsen egy réteg átfedő burgonyaszeleteket. Sózzuk, borsozzuk. Fedjük be a burgonyát egy réteg padlizsánnal, és szórjuk meg sóval. Adjunk hozzá réteg hagymát, paprikát és paradicsomot. Sózzuk, borsozzuk. A tetejére szórjuk a bazsalikomot. Meglocsoljuk olívaolajjal.

4. Fóliával letakarjuk. 45 percig főzzük. Óvatosan távolítsa el a fóliát. Főzzük még 30 percig, vagy amíg egy késsel megszúrva aranybarnák nem lesznek, és a zöldségek megpuhulnak. Forrón vagy szobahőmérsékleten tálaljuk.

Kenyér, pizzák, sós torták és szendvicsek

A Buono come il pane, "jó, mint a kenyér", egy régi olasz módszer valaki vagy valami nagyon különleges leírására. Ez is jól mutatja a kenyér fontosságát. Minden olasz tudja, hogy a kenyér a végső, a legjobb, és semmi sem lehet jobb a kenyérnél. Legyen szó rosettáról, egy kerek szeletekre vágott, csupa kéreggel és apró morzsával ellátott tekercsről, vagy a scaletta, aranyszínű, szicíliai létra formájú durumbúza kenyerekről, amelyeket mandulahéjjal sütött kemencében sütöttek, az olasz kenyereknek csodálatos karakterük és ízük van. Minden régiónak sajátos stílusa van. A toszkán és umbriai kenyeret só nélkül készítik, amit megszokni kell. A pugliai Altamura kenyere halványarany és gyakorlatilag nemzeti kincs. Az emberek Rómában és az északi helyeken magas árat fizetnek azért, hogy megszerezzék. A római kenyér belül puha, lyukas, ropogós,

Aztán jönnek a laposkenyérek: pizza, focaccia, piadina és a többi finom variáció. Minden régiónak megvan a kedvence. Nápoly büszke arra, hogy a modern pizza szülőhelyeként hírnevet szerzett magának, míg a genovaiak a focaccia-t tulajdonítják. Az ízesítés helyett Dél-Olaszországban népszerűek a két réteg kenyérből vagy pizzatésztából készült sós piték, amelyeket zöldségek, húsok vagy sajtok köré sütöttek, snackként vagy teljes értékű étkezésként fogyasztják.

Az alábbi receptek csak néhány lehetőség a sok közül. Kevés olasz süt otthon kenyeret, mert minden környéken van egy helyi forno ("kemencé"), ahogy a kenyérpékséget hívják, ahol naponta többször sütnek friss kenyeret. A kenyerek lassan kelt tésztákból készülnek, amelyek összetett ízeket, jó állagot és rágást biztosítanak. Mivel az otthoni konyháknál magasabb hőmérsékletű sütőben sütik, ropogós, ropogós héja van.

Az ebben a fejezetben található receptek sok speciális felszerelés nélkül is jól működnek. Aki viszont szeret élesztős kenyereket készíteni, annak érdemes sütőkőre vagy mázatlan sütőlapokra fektetni. A tésztahoroggal vagy nagy kapacitású konyhai robotgéppel felszerelt nagy teherbírású keverőgép gyorsan ki tudja keverni a nehéz, ragadós tésztát. A kenyérsütőgép is használható tészta keverésére és kelesztésére, de nem alkalmas ilyen típusú kenyerek sütésére.

Sajtból és zöldségekből készült sós piték receptjeit is mellékeltem. Jók előételnek vagy salátával egész étkezéshez.

A szendvicsek népszerű harapnivalók és könnyű ételek fogyaszthatók Olaszország-szerte. A milánóiak találták fel a paninotecát, egy szendvicsboltot, ahol korlátlan kombinációt rendelhetsz mindenféle kenyérre, akár pirítva, akár nem. A paninoteca különösen népszerű a fiatalok körében, akik megállnak szendvicsre és sörre.

Az ország más részein lehet enni fehér kenyérrel, focacciával vagy zsemlével készült paninót. A rómaiak szeretik a vékony, kéregtelen tramezzino szendvicset (háromszögbe vágva), míg Bolognában a szendvicsek rozettán, a helyi ropogós tekercseken készülnek. Olaszországból hazatérve mindig hagyok időt, hogy megálljak a repülőtéri kávézóban egy portare via prosciutto és rukkola szendvicsre, "menni", és élvezem a repülőn visszafelé.

Házi kenyér

Ház jele

2 cipót készít

Íme egy alapvető olasz stílusú kenyér, amely otthoni sütőben szép és ropogós lesz. Mivel a tészta nagyon ragadós, a legjobb, ha ezt a kenyeret turmixgépben vagy konyhai robotgépben készíti. Ne essen a kísértésbe, hogy több lisztet adjon a tésztához. A jó eredmény érdekében nagyon nedvesnek kell lennie, nagy lyukakkal a morzsán és ropogós kéreggel.

1 teáskanál aktív száraz élesztő

2 csésze langyos víz (100°-110°F)

4 1/2 csésze kenyérliszt

2 teáskanál sót

2 evőkanál finom búzadara

1. Öntse a vizet egy erős keverőtálba. Megszórjuk élesztővel. Hagyja állni, amíg az élesztő krémes lesz, körülbelül 2 percig. Addig keverjük, amíg az élesztő fel nem oldódik.

2. Adjunk hozzá lisztet és sót. Jól keverjük össze, amíg lágy tészta nem lesz. A tésztának nagyon ragacsosnak kell lennie. A tésztát simára és rugalmasra verjük, körülbelül 5 perc alatt.

3. Egy nagy tál belsejét olajozzuk ki. A tésztát a tálba kaparjuk, megforgatjuk, hogy olajozza meg a tetejét. Fedjük le műanyag fóliával, és hagyjuk kelni meleg, huzatmentes helyen, amíg a duplájára nem nő, körülbelül 1 1/2 órán keresztül.

4. A tésztát elsimítjuk és kettéosztjuk. Formázz minden darabot golyóvá. A búzadarát egy nagy tepsire terítjük. A tésztagolyókat néhány centire egymástól a tepsire helyezzük. Fóliával letakarjuk, és meleg, huzatmentes helyen duplájára kelesztjük, körülbelül 1 órán keresztül.

5. Helyezze a grillt a sütő közepére. Melegítse elő a sütőt 450°F-ra. Borotvapengével vagy nagyon éles késsel vágjon egy X-et minden cipó tetejére. Tegye át a tésztát a sütőkőre. 40 percig süssük, amíg a cipók aranybarnák nem lesznek, és üregesnek hangzanak, ha megütögetik az alját.

6. Csúsztassa a cipókat rácsokra, hogy teljesen kihűljenek. Fóliába csomagolva szobahőmérsékleten legfeljebb 24 óráig, fagyasztóban pedig legfeljebb egy hónapig tárolható.

Gyógynövényes kenyér

Pane alle Erbe

12 hüvelykes cipót készít

Az Emilia-Romagna állambeli Forlimpopoli városában egy étteremben ettem, amelyet egy fiatal pár nyitott egy 17. századi villában. Az étkezés előtt finom gyógyfüves kenyeret hoztak elő. Amikor erről érdeklődtem, a szakácsnő boldogan osztotta meg a receptet, és azt tanácsolta, hogy a legjobb eredmény érdekében hajnalban menjek a kertbe szedni a fűszernövényeket, amíg még nedvesek a reggeli harmattól. De még mindig jó eredményeket érhet el a szupermarketből frissen szedett fűszernövényekkel.

1 boríték (21/2 teáskanál) aktív száraz élesztő vagy 2 teáskanál instant élesztő

1 csésze langyos víz (100°-110°F)

2 evőkanál sótlan vaj, megolvasztva és lehűtve

Körülbelül 21/2 csésze fehérítetlen univerzális liszt

1 evőkanál cukor

1 teáskanál sót

1 evőkanál apróra vágott friss lapos petrezselyem

1 evőkanál apróra vágott friss menta

1 evőkanál apróra vágott friss kakukkfű

1 evőkanál apróra vágott friss metélőhagyma

1 tojássárgája plusz 1 evőkanál víz

1. Öntsük a vizet egy nagy tálba. Megszórjuk élesztővel. Hagyja állni, amíg az élesztő krémes lesz, körülbelül 2 percig. Addig keverjük, amíg az élesztő fel nem oldódik.

2. Adjuk hozzá a vajat és a 2 csésze lisztet, a cukrot és a sót, és addig keverjük, amíg lágy tésztát nem kapunk. A tésztát enyhén lisztezett felületre borítjuk. Megszórjuk fűszernövényekkel, és simára és rugalmasra dagasztjuk, körülbelül 10 perc alatt, ha szükséges még lisztet adunk hozzá, hogy nedves, de nem ragadós tésztát kapjunk. (Vagy készítse el a tésztát nagy teljesítményű turmixgépben, konyhai robotgépben vagy kenyérsütőgépben a gyártó utasításait követve.)

3. Egy nagy tál belsejét olajozzuk ki. Tegye a tésztát a tálba, egyszer fordítsa meg, hogy olajozza meg a tetejét. Fóliával letakarjuk és meleg helyen kelesztjük, amíg duplájára nem nő, kb 1 óra.

4. Egy nagy tepsit kiolajozunk. Helyezze a tésztát enyhén lisztezett felületre, és kézzel lapítsa el, hogy eltávolítsa a légbuborékokat. A tésztát a kezed között görgesd úgy, hogy körülbelül 12 hüvelyk hosszú kötelet formálj. A tésztát a tepsire terítjük. Fedjük le műanyag fóliával, és hagyjuk kelni a duplájára, körülbelül 1 órán keresztül.

5. Helyezze a grillt a sütő közepére. Melegítsük elő a sütőt 400°F-ra. A tésztát megkenjük a tojássárgás keverékkel. Borotvával vagy nagyon éles késsel vágjunk 4 vágást a tetejére. Süssük addig, amíg a kenyér aranybarna nem lesz, és az aljára koppintva üreges lesz, körülbelül 30 percig.

6. Csúsztassa a kenyeret egy rácsra, hogy teljesen kihűljön. Csomagolja fóliába és tárolja szobahőmérsékleten legfeljebb 24 órán át, vagy fagyasztva legfeljebb 1 hónapig.

Marche stílusú sajtos kenyér

Ciaccia

Egy 9 hüvelykes kerek cipót készít belőle

A közép-olaszországi Marche régió gasztronómiai szempontból talán nem túl ismert, de sok mindent kínál. A part mentén kiváló tengeri ételeket kínálnak, míg a szárazföld belsejében, ahol zord hegyek találhatók, a konyha kiadós, és vadból és szarvasgombából áll. A helyi specialitás a ciauscolo, egy nagyon finomra őrölt sertéshúsból készült, fokhagymával és fűszerekkel ízesített puha kolbász, amelyet kenyérre kenhetünk. Ezt a kétféle sajtból készült, ízletes kenyeret snackként vagy aperitifként szolgálják fel egy pohár bor mellé. Ideális piknikhez, főtt tojással, szalámival és salátával.

1 boríték (2 1/2 teáskanál) aktív száraz élesztő vagy 2 teáskanál instant élesztő

1 csésze forró tej (100°-110°F)

2 nagy tojás, felverve

2 evőkanál olívaolaj

1/2 csésze frissen reszelt Pecorino Romano

½ csésze frissen reszelt Parmigiano-Reggiano

Körülbelül 3 csésze fehérítetlen univerzális liszt

½ teáskanál só

½ teáskanál frissen őrölt fekete bors

1. Egy nagy tálban megszórjuk az élesztőt a tejjel. Hagyja állni, amíg az élesztő krémes lesz, körülbelül 2 percig. Addig keverjük, amíg az élesztő fel nem oldódik.

2. Hozzáadjuk a tojást, az olajat és a sajtokat, és jól kikeverjük. Fakanállal keverjük hozzá a lisztet, sózzuk, borsozzuk, amíg lágy tésztát nem kapunk. A tésztát enyhén lisztezett felületre borítjuk. Körülbelül 10 perc alatt sima és rugalmas tésztát gyúrunk, ha szükséges még lisztet adunk hozzá, hogy nedves, de nem ragadós tésztát kapjunk. (Vagy nagy teljesítményű turmixgépben, konyhai robotgépben vagy kenyérsütőgépben készítse el a tésztát a gyártó utasításait követve.) Formázzunk golyót a tésztából.

3. Egy nagy tál belsejét olajozzuk ki. Tegye a tésztát a tálba, egyszer fordítsa meg, hogy olajozza meg a tetejét. Fedjük le műanyaggal, és hagyjuk kelni 1 1/2 órán keresztül, vagy amíg a duplájára nem nő.

4. Nyomja meg a tésztát, hogy eltávolítsa a légbuborékokat. A tésztából golyót formázunk.

5. Olajozzon ki egy 9 hüvelykes rugós formát. Adjuk hozzá a tésztát, fedjük le, és hagyjuk ismét a duplájára kelni, körülbelül 45 percig.

6. Helyezze a grillt a sütő közepére. Melegítse elő a sütőt 375 °F-ra. A tészta tetejét megkenjük tojássárgájával. Süssük aranybarnára, körülbelül 35 percig.

7. 10 percig hűlni hagyjuk a formában. Távolítsa el a serpenyő oldalát, majd csúsztassa a kenyeret egy rácsra, hogy teljesen kihűljön. Csomagolja fóliába és tárolja szobahőmérsékleten legfeljebb 24 órán át, vagy fagyasztva legfeljebb 1 hónapig.

Arany kukoricatekercs

Panini d'Oro

8-10 adagot tesz ki

A fél koktélparadicsommal megtöltött kis kerek zsemle a kukoricadarától kapja arany színét. A tésztából golyókat formázunk, amelyek sütés közben egyetlen cipóvá egyesülnek. A tekercseket egész cipóként is tálalhatjuk, mindenki szaggatja a sajátját. Ezek különösen jók leveses vacsorához vagy sajthoz.

1 boríték (2½ teáskanál) aktív száraz élesztő vagy 2 teáskanál instant élesztő

½ csésze langyos víz (100°-110°F)

½ csésze tej

¼ csésze olívaolaj

Körülbelül 2 csésze fehérítetlen univerzális liszt

½ csésze finom sárga kukoricadara

1 teáskanál sót

10 koktélparadicsom, félbe vágva

1. Egy nagy tálban megszórjuk az élesztőt a vízzel. Hagyja állni, amíg az élesztő krémes lesz, körülbelül 2 percig. Addig keverjük, amíg az élesztő fel nem oldódik. Adjuk hozzá a tejet és 2 evőkanál olajat.

2. Egy nagy tálban keverjük össze a lisztet, a kukoricalisztet és a sót.

3. Adjuk hozzá a száraz hozzávalókat a folyadékhoz, és keverjük addig, amíg tésztát nem kapunk. A tésztát enyhén lisztezett felületre borítjuk. Körülbelül 10 perc alatt sima és rugalmas tésztát gyúrunk, ha szükséges még lisztet adunk hozzá, hogy nedves, enyhén ragacsos tésztát kapjunk. (Vagy nagy teljesítményű turmixgépben, konyhai robotgépben vagy kenyérsütőgépben készítse el a tésztát a gyártó utasításait követve.) Formázzunk golyót a tésztából.

4. Egy nagy tál belsejét olajozzuk ki. Hozzáadjuk a tésztát, egyszer megforgatva, hogy olajos legyen a teteje. Fedjük le műanyag fóliával, és hagyjuk kelni 1 óra 30 percig meleg helyen, huzattól mentesen.

5. Olajozzon ki egy 10 hüvelykes rugós formát. Nyomja meg a tésztát, hogy eltávolítsa a légbuborékokat. A tésztát negyedekre vágjuk. Mindegyik negyedet 5 egyenlő darabra vágjuk. Minden

darabot gömbölyűvé forgatunk. Rendezzük el a darabokat az edényben. Minden tésztadarab közepébe nyomjunk egy fél paradicsomot vágott felével lefelé. Fedjük le műanyag fóliával, és hagyjuk kelni meleg helyen 45 percig, vagy amíg a duplájára kelnek.

6. Helyezze a grillt a sütő közepére. Melegítsük elő a sütőt 400°F-ra. A tésztát meglocsoljuk a maradék 2 evőkanál olívaolajjal. Süssük 30 percig, vagy amíg aranybarna nem lesz.

7. Távolítsa el a serpenyő oldalait. A tekercseket rácsra csúsztatjuk kihűlni. Csomagolja fóliába és tárolja szobahőmérsékleten legfeljebb 24 órán át, vagy fagyasztva legfeljebb 1 hónapig.

Fekete olajbogyó kenyér

Olive Pane

Két 12 hüvelykes cipót készít belőle

Ez a kenyér előételből, liszt, víz és élesztő keverékéből készül. Az előétel külön megkel, és a tésztához adjuk, hogy a kenyér ízesebb legyen. Tervezze meg az előétel elkészítését legalább 1 órával vagy legfeljebb egy nappal korábban.

Bár ehhez a recepthez általában ízletes olasz fekete olajbogyót használok, zöld olajbogyó is használható. Vagy próbáljon ki többféle olajbogyó keverékét. Ez a kenyér népszerű Veneto régióban.

1 boríték (2 1/2 teáskanál) aktív száraz élesztő vagy 2 teáskanál instant élesztő

2 csésze langyos víz (100°-110°F)

Körülbelül 4 1/2 csésze fehérítetlen univerzális liszt

1/2 csésze teljes kiőrlésű liszt

2 teáskanál sót

2 evőkanál olívaolaj

1½ csésze ízes fekete olajbogyó, például Gaeta, kimagozva és durvára vágva

1. Egy közepes tálban megszórjuk az élesztőt 1 csésze vízzel. Hagyja állni, amíg az élesztő krémes lesz, körülbelül 2 percig. Addig keverjük, amíg az élesztő fel nem oldódik. Keverj hozzá 1 csésze univerzális lisztet. Fedjük le műanyag fóliával, és hagyjuk hűvös helyen állni, amíg buborékosodik, körülbelül 1 óra vagy egy éjszakán át. (Ha forró, tegyük a hűtőbe az előételt. Kb. 1 órával a tészta elkészítése előtt vegyük ki.)

2. Egy nagy tálban keverje össze a maradék 3 1/2 csésze univerzális lisztet, a teljes kiőrlésű lisztet és a sót. Adjuk hozzá a kovászos indítót, a maradék csésze meleg vizet és az olajat. Fakanállal addig keverjük, amíg lágy tésztát nem kapunk.

3. Fordítsa ki a tésztát enyhén lisztezett felületre, és gyúrja simára és rugalmasra körülbelül 10 perc alatt, ha szükséges, adjon hozzá még lisztet, hogy nedves, enyhén ragacsos tésztát kapjon. (Vagy nagy teljesítményű turmixgépben, konyhai robotgépben vagy kenyérsütőgépben készítse el a tésztát a gyártó utasításait követve.) Formázzunk golyót a tésztából.

4. Egy nagy tál belsejét olajozzuk ki. Hozzáadjuk a tésztát, egyszer megforgatva, hogy olajos legyen a teteje. Fedjük le műanyag

fóliával, és hagyjuk meleg helyen kelni, amíg a duplájára nem nő, körülbelül 11/2 órán keresztül.

5. Egy nagy tepsit kiolajozunk. Simítsa el a tésztát, hogy eltávolítsa a légbuborékokat. Röviden összegyúrjuk az olajbogyót. Oszd ketté a tésztát, és formálj mindegyik darabból körülbelül 12 hüvelyk hosszú cipót. Helyezze a cipókat néhány centire egymástól az előkészített tepsire. Fedjük le műanyag fóliával, és hagyjuk kelni, amíg a duplájára nem nő, körülbelül 1 óra.

6. Helyezze a grillt a sütő közepére. Melegítsük elő a sütőt 400°F-ra. Borotvapengével vagy éles késsel vágjon 3 vagy 4 átlós vágást minden cipó felületén. Süssük 40-45 percig, vagy amíg aranybarna nem lesz.

7. A cipókat rácsra csúsztatjuk kihűlni. Csomagolja fóliába és tárolja szobahőmérsékleten legfeljebb 24 órán át, vagy fagyasztva legfeljebb 1 hónapig.

Stromboli kenyér

Rotolo di Pane

Két 10 hüvelykes cipót készít belőle

Amennyire én tudom, ez a sajttal és cukrászdával töltött kenyér olasz-amerikai alkotás, talán a szicíliai bonata, a töltelék köré tekert és cipóba sütött kenyértészta ihlette. A Stromboli egy híres szicíliai vulkán, így a név valószínűleg arra utal, hogy a töltelék olvadt lávára emlékeztetően szivárog ki a gőznyílásokból. Tálaljuk a kenyeret előételként vagy uzsonnaként.

1 teáskanál aktív száraz élesztő vagy 2 teáskanál instant élesztő

¾ csésze langyos víz (100°-110°F)

Körülbelül 2 csésze fehérítetlen univerzális liszt

1 teáskanál sót

4 uncia szeletelt enyhe provolon vagy svájci sajt

2 uncia vékonyra szeletelt szalámi

4 uncia szeletelt sonka

1 tojássárgáját 2 evőkanál vízzel felverjük

1. Egy nagy tálban megszórjuk az élesztőt a vízzel. Hagyja állni, amíg az élesztő krémes lesz, körülbelül 2 percig. Addig keverjük, amíg az élesztő fel nem oldódik.

2. Adjunk hozzá lisztet és sót. Fakanállal addig keverjük, amíg lágy tésztát nem kapunk. Fordítsa ki a tésztát enyhén lisztezett felületre, és gyúrja simára és rugalmasra körülbelül 10 perc alatt, ha szükséges, adjon hozzá még lisztet, hogy nedves, de nem ragadós tésztát kapjon. (Vagy készítse el a tésztát nagy teljesítményű turmixgépben, konyhai robotgépben vagy kenyérsütőgépben a gyártó utasításait követve.)

3. Egy nagy tál belsejét olajozzuk ki. Adja hozzá a tésztát a tálhoz, egyszer fordítsa meg, hogy olajozza meg a tetejét. Fedjük le műanyag fóliával. Meleg, huzatmentes helyre tesszük, és duplájára kelesztjük, körülbelül 11/2 óráig.

4. Vegye ki a tésztát a tálból, és óvatosan lapítsa el, hogy eltávolítsa a légbuborékokat. A tésztát kettévágjuk és két golyót formázunk belőle. Lisztezett felületre helyezzük a golyókat, és mindegyiket egy tálba borítjuk. Hagyjuk kelni 1 órát, vagy amíg a duplájára nem nő.

5. Helyezzen egy sütőrácsot a sütő közepére. Melegítsük elő a sütőt 400°F-ra. Egy nagy tepsit kiolajozunk.

6. Enyhén lisztezett felületen sodrófával lapítsunk el egy tésztadarabot 12 hüvelykes körré. A sajtszeletek felét elrendezzük a tésztán. A tetejére tegyük a sonka és a szalámi felét. Szorosan feltekerjük a tésztát és hengerbe töltjük. Csípje össze a varrást a tömítéshez. Helyezze a tekercs varrással lefelé a tepsire. Hajtsa be a tészta végeit a sodrófa alá. Ismételje meg a többi összetevővel.

7. A tekercseket megkenjük a tojássárgás keverékkel. Kés segítségével vágjon 4 egyenletesen elhelyezkedő sekély csíkot a tészta tetejére. Süssük 30-35 percig, vagy amíg aranybarna nem lesz.

8. Tegyük rácsra, hogy kissé kihűljön. Forrón, átlós szeletekre vágva tálaljuk. Csomagolja fóliába és tárolja szobahőmérsékleten legfeljebb 24 órán át, vagy fagyasztva legfeljebb 1 hónapig.

Diós sajtos kenyér

Pan Nociato

Két 8 hüvelykes kerek cipót készít belőle

A szalámával, olajbogyóval és egy üveg vörösborral ez az umbriai kenyér remek étel. Ez a változat ízletes, de Todiban, a régió egyik legszebb középkori városában elkészítettem egy édes változatot vörösborral, fűszerekkel és mazsolával, és szőlőlevélben főztem.

1 boríték (2 1/2 teáskanál) aktív száraz élesztő vagy 2 teáskanál instant élesztő

2 csésze langyos víz (100°-110°F)

Körülbelül 4 1/2 csésze fehérítetlen univerzális liszt

1/2 csésze teljes kiőrlésű liszt

2 teáskanál sót

2 evőkanál olívaolaj

1 csésze reszelt Pecorino Toscano

1 csésze darált dió, pirítva

1. Egy közepes tálban megszórjuk az élesztőt 1 csésze vízzel. Hagyja állni, amíg az élesztő krémes lesz, körülbelül 2 percig. Addig keverjük, amíg az élesztő fel nem oldódik.

2. Egy nagy tálban keverj össze 4 csésze univerzális lisztet, teljes kiőrlésű lisztet és sót. Adjuk hozzá az élesztős keveréket, a maradék csésze meleg vizet és az olajat. Fakanállal addig keverjük, amíg puha tészta nem lesz. Fordítsa ki a tésztát enyhén lisztezett felületre, és gyúrja simára és rugalmasra körülbelül 10 perc alatt, ha szükséges, adjon hozzá még lisztet, hogy nedves, enyhén ragacsos tésztát kapjon. (Vagy készítse el a tésztát nagy teljesítményű turmixgépben, konyhai robotgépben vagy kenyérsütőgépben a gyártó utasításait követve.)

3. Egy nagy tál belsejét olajozzuk ki. Hozzáadjuk a tésztát, egyszer megforgatva, hogy olajos legyen a teteje. Fedjük le műanyag fóliával, és hagyjuk meleg helyen kelni, amíg a duplájára nem nő, körülbelül 1 1/2 órán keresztül.

4. Egy nagy tepsit kiolajozunk. Simítsa el a tésztát, hogy eltávolítsa a légbuborékokat. A tetejére szórjuk a sajtot és a diót, és összegyúrjuk, hogy a hozzávalók eloszlanak. A tésztát kettéosztjuk, és mindegyik darabból kerek cipót formázunk. Helyezze a cipókat néhány centire egymástól az előkészített

tepsire. Fedjük le műanyag fóliával, és hagyjuk kelni, amíg a duplájára nem nő, körülbelül 1 óra.

5. Helyezze a sütőrácsot a sütő közepére. Melegítsük elő a sütőt 400°F-ra. Borotvapengével vagy éles késsel vágjon 3 vagy 4 átlós vágást minden cipó felületén. Süssük aranybarnára, és a cipók üregesnek tűnnek, ha megütögetjük az aljukat, körülbelül 40-45 percig.

6. Csúsztassa rácsra a cipókat, hogy teljesen kihűljenek. Szobahőmérsékleten tálaljuk. Csomagolja fóliába és tárolja szobahőmérsékleten legfeljebb 24 órán át, vagy fagyasztva legfeljebb 1 hónapig.

Paradicsom tekercs

Panini al Pomodoro

8 tekercset készít

A paradicsompüré ezeket a tekercseket szép narancsvörösre festi, és egy kis paradicsomízt ad hozzá. Szeretem a dupla koncentrátumú paradicsompürét használni, ami tubusban van, mint a fogkrém. Kellemes édes paradicsomos íze van, és mivel a legtöbb receptben csak egy-két evőkanál tészta szükséges, annyit használhatunk, amennyit csak akarunk, majd lezárjuk a csövet, és hűtőszekrényben tároljuk, ellentétben a paszta-konzerv paradicsommal.

Bár nem gyakran jut eszembe Veneto, ha a paradicsomra gondolok, ezek a tekercsek népszerűek ott.

1 boríték (2½ teáskanál) aktív száraz élesztő vagy 2 teáskanál instant élesztő

½ csésze plusz ¾ csésze langyos víz (100°-110°F)

¼ csésze paradicsompüré

2 evőkanál olívaolaj

Körülbelül 2¾ csésze fehérítetlen univerzális liszt

2 teáskanál sót

1 teáskanál szárított oregánó, morzsolva

1. Egy közepes tálban szórjunk meg élesztőt 1/2 csésze vízzel. Hagyja állni, amíg az élesztő krémes lesz, körülbelül 2 percig. Addig keverjük, amíg az élesztő fel nem oldódik. Adjuk hozzá a paradicsompürét és a maradék vizet, és keverjük simára. Adjuk hozzá az olívaolajat.

2. Egy nagy keverőtálban keverjük össze a lisztet, a sót és az oregánót.

3. A folyadékot a száraz hozzávalókhoz öntjük. Fakanállal addig keverjük, amíg lágy tésztát nem kapunk. Fordítsa ki a tésztát enyhén lisztezett felületre, és gyúrja simára és rugalmasra körülbelül 10 perc alatt, ha szükséges, adjon hozzá még lisztet, hogy nedves, enyhén ragacsos tésztát kapjon. (Vagy készítse el a tésztát nagy teljesítményű turmixgépben, konyhai robotgépben vagy kenyérsütőgépben a gyártó utasításait követve.)

4. Egy nagy tál belsejét olajozzuk ki. Hozzáadjuk a tésztát, egyszer megforgatva, hogy olajos legyen a teteje. Fedjük le műanyag fóliával, és hagyjuk kelni 1 1/2 órát, vagy amíg a duplájára nő.

5. Egy nagy tepsit kiolajozunk. Simítsa el a tésztát, hogy eltávolítsa a légbuborékokat. A tésztát 8 egyenlő részre vágjuk. Formázz minden darabot golyóvá. A golyókat egymástól néhány centire elhelyezzük a tepsiben. Fedjük le műanyag fóliával, és hagyjuk kelni a duplájára, körülbelül 1 órán keresztül.

6. Helyezze a grillt a sütő közepére. Melegítsük elő a sütőt 400°F-ra. Körülbelül 20 percig sütjük, amíg a tekercsek aranybarnák nem lesznek, és üregesnek hangzanak, ha megütögetik az alját.

7. Csúsztassa rácsra a tekercseket, hogy teljesen kihűljön. Szobahőmérsékleten tálaljuk. Fóliába csomagolva legfeljebb 24 óráig tárolható, vagy fagyasztva legfeljebb 1 hónapig.

Vidéki briós

Rusztikus briós

8 adagot készít

A vajas, tojásban gazdag brióstésztát, amelyet valószínűleg a francia szakácsok hozattak be Nápolyba 1700 körül, apróra vágott prosciutto-val és sajttal gazdagítják. Ez az ízletes kenyér remek antipasto, vagy tálaljuk salátával étkezés előtt vagy után. Vegye figyelembe, hogy ezt a tésztát simára verjük, és nem gyúrjuk.

1/2 csésze meleg tej (100°-110°F)

1 boríték (21/2 teáskanál) aktív száraz élesztő vagy 2 teáskanál instant élesztő

4 evőkanál (1/2 rúd) sótlan vaj, szobahőmérsékleten

1 evőkanál cukor

1 teáskanál sót

2 nagy tojás, szobahőmérsékleten

Körülbelül 21/2 csésze fehérítetlen univerzális liszt

1/2 csésze apróra vágott friss mozzarella, szárítva, ha nedves

½ csésze apróra vágott provolon

½ csésze apróra vágott prosciutto

1. A tejet egy kis tálba öntjük, és megszórjuk az élesztővel. Hagyja állni, amíg az élesztő krémes lesz, körülbelül 2 percig. Addig keverjük, amíg az élesztő fel nem oldódik.

2. Egy nagy keverőtálban vagy konyhai robotgépben habosra keverjük a vajat, a cukrot és a sót. Rántsd rá a tojásokat. Fakanállal keverjük hozzá a tejes keveréket. Adjuk hozzá a lisztet és verjük simára. A tészta ragacsos lesz.

3. Enyhén lisztezett felületen golyót formázunk a tésztából. Fedjük le egy fordított tállal, és hagyjuk állni 30 percig.

4. Vajazz ki és lisztezzünk meg egy 10 hüvelykes csövet vagy Bundt serpenyőt.

5. Enyhén lisztezzünk meg egy sodrófát. Nyújtsa ki a tésztát 22 × 8 hüvelykes téglalappá. A sajtot és a húst rákenjük a tésztára úgy, hogy a hosszú oldalakon 1 hüvelykes szegélyt hagyunk. A tésztát a hosszú oldalától kezdve szorosan feltekerjük, hogy hengert formázzon. Csípje össze a varrást a tömítéshez. Helyezze a tekercs varrással lefelé az előkészített serpenyőbe. Csípje össze a végeit a lezáráshoz. Fedje le az edényt műanyag fóliával. A

tésztát meleg, huzatmentes helyen a duplájára kelesztjük, körülbelül 1 1/2 óráig.

6. Helyezze a sütőrácsot a sütő közepére. Melegítse elő a sütőt 350 °F-ra. Süssük addig, amíg a cipók aranybarnák nem lesznek, és az aljukra koppintva üregesek, körülbelül 35 percig.

7. Csúsztassa rácsra a cipókat, hogy teljesen kihűljenek. Szobahőmérsékleten tálaljuk. Csomagolja fóliába és tárolja szobahőmérsékleten legfeljebb 24 órán át, vagy fagyasztva legfeljebb 1 hónapig.

Szardíniai zenei papír kenyér

Carta de Musica

8-12 adagot tesz ki

A nagy, nagyon vékony kenyérlapokat Szardíniában "zenepapírnak" nevezik, mert egy időben a kenyeret, akárcsak a papírt, feltekerték a könnyebb tárolás érdekében. A szardíniaiak apró darabokra törik a leveleket, hogy étkezés közben vagy könnyű kecske- vagy juhsajttal snackként fogyaszthassák, vagy levesbe mártsák, vagy szószokkal, például tésztával rétegezzék. Búzadara liszt megtalálható számos szaküzletben vagy olyan katalógusban, mint például a King Arthur Flour Baker's Catalog (lásdForrások).

Körülbelül 1 1/4 csésze univerzális vagy fehérítetlen kenyérliszt

1 1/4 csésze finom búzaliszt

1 teáskanál sót

1 csésze langyos víz

1. Egy nagy tálban keverje össze az univerzális vagy kenyérlisztet, a búzalisztet és a sót. Fakanállal keverjük hozzá a vizet, amíg lágy tésztát nem kapunk.

2. A tésztát enyhén lisztezett felületre kaparjuk. Gyúrja a tésztát, ha szükséges lisztet adjon hozzá, hogy kemény, sima és rugalmas tésztát kapjon, körülbelül 5 percig. A tésztából golyót formázunk. Fedjük le egy fordított tállal, és hagyjuk szobahőmérsékleten 1 órán át állni.

3. Helyezze a grillt a sütő közepére. Melegítse elő a sütőt 450°F-ra.

4. Osszuk hat részre a tésztát. Enyhén lisztezett felületen egy sodrófa segítségével nyújtsunk ki egy tésztadarabot 12 hüvelykes kör alakúra, elég vékonyra, hogy a fény felé tartva átláthassa rajta a kezét. Terítse a tésztát a sodrófára, hogy megemelje. Kenjük ki a tésztát egy kiolajozott tepsibe, ügyelve arra, hogy a gyűrődések kiegyenesedjenek.

5. Körülbelül 2 percig főzzük, vagy amíg a kenyér teteje meg nem szilárdul. Egyik kezét védje edényfogóval, a másik kezében pedig egy nagy fém spatulát tartva forgassa meg a tésztát. Főzzük még körülbelül 2 percig, vagy amíg enyhén megpirul.

6. Tegye át a kenyeret egy rácsra, hogy teljesen kihűljön. Ismételje meg a maradék tésztával.

7. Tálaláskor minden levelet 2 vagy 4 részre vágunk. A maradékot száraz helyen, jól lezárt műanyag zacskóban tároljuk.

Variáció: Előételként melegítse fel a kenyeret egy tepsiben alacsony sütőben 5 percig, vagy amíg meleg nem lesz. Egy tányérra halmozzuk fel a darabokat, minden réteget meglocsolunk extra szűz olívaolajjal és durva sóval vagy apróra vágott friss rozmaringgal. Forrón tálaljuk.

Lilahagymás laposkenyér

Focaccia alle Cipolle Rosso

8-10 adagot tesz ki

Ennek a focaccia-nak a tésztája nagyon nedves és ragacsos, ezért dagasztás nélkül teljesen összekeverjük egy tálban. Keverje össze kézzel egy fakanállal, vagy használjon nagy teljesítményű elektromos keverőt, konyhai robotgépet vagy kenyérsütőgépet. A hosszú, lassú kelesztés finom ízt és könnyű torta textúrát kölcsönöz ennek a kenyérnek. Bár a legtöbb focaccia melegen jobban ízlik, ez annyira nedves, hogy még szobahőmérsékleten is kibírja.

1 boríték (2½ teáskanál) aktív száraz élesztő vagy instant élesztő

½ csésze langyos víz (100°-110°F)

1½ csésze tej, szobahőmérsékletű

6 evőkanál olívaolaj

Körülbelül 5 csésze fehérítetlen univerzális liszt

2 evőkanál finomra vágott friss rozmaring

2 teáskanál sót

½ csésze durvára vágott lilahagyma

1. Egy közepes tálban megszórjuk az élesztőt a meleg vízzel. Hagyja állni, amíg az élesztő krémes lesz, körülbelül 2 percig. Addig keverjük, amíg az élesztő fel nem oldódik. Adjunk hozzá tejet és 4 evőkanál olajat, és keverjük össze.

2. Egy nagy keverőtálban vagy robotgépben keverje össze a lisztet, a rozmaringot és a sót. Adjuk hozzá az élesztős keveréket, és addig keverjük, amíg lágy tésztát nem kapunk. Körülbelül 3-5 perc alatt simára és rugalmasra gyúrjuk. A tészta ragacsos lesz.

3. Egy nagy tálat olajozzon ki. A tésztát kaparjuk a tálba, és fedjük le műanyag fóliával. Meleg, huzatmentes helyen duplájára kelesztjük, körülbelül 1 1/2 óráig.

4. Egy 13×9×2 hüvelykes sütőedényt olajozzon ki. A tésztát a tepsibe kaparjuk, egyenletesen elosztjuk. Fedjük le műanyag fóliával, és hagyjuk kelni 1 órát, vagy amíg a duplájára nem nő.

5. Helyezze a sütőrácsot a sütő közepére. Melegítse elő a sütőt 450°F-ra.

6. Ujjbegyeivel erősen nyomja a tésztába, hogy egymástól körülbelül 1 hüvelyk távolságra és 1/2 hüvelyk mélységű bemélyedéseket képezzen. A felületet meglocsoljuk a maradék 2

evőkanál olívaolajjal, és rászórjuk a hagymaszeleteket.
Megszórjuk durva sóval. Süssük ropogósra és aranybarnára, körülbelül 25-30 percig.

7. Csúsztassa a focacciát egy rácsra hűlni. Négyzetekre vágjuk. Forrón vagy szobahőmérsékleten tálaljuk. Szobahőmérsékleten, fóliába csomagolva legfeljebb 24 óráig tárolható.

Fehérboros laposkenyér

Focaccia bor

8-10 adagot tesz ki

A fehérbor egyedi ízt ad ennek a piskóta focacciának. Általában durva tengeri sókristályokkal díszítik, de ha tetszik, helyettesítheti friss zsályával vagy rozmaringgal. Genovában minden étkezéskor eszik, beleértve a reggelit is, és az iskolások felvesznek egy szeletet a pékségből, hogy megeszik a délelőtti uzsonnát. A focaccia tésztája nagyon nedves és ragacsos, ezért a legjobb turmixgépben vagy konyhai robotgépben elkészíteni.

Ez a focaccia előéterrel készül – élesztő, liszt és víz kombinációjával, amely sok kenyérnek extra ízt és jó állagot ad. Az előétel a kenyér elkészítése előtt egy órával vagy akár 24 órával is elkészíthető, ezért ennek megfelelően tervezzen.

1 boríték (2½ teáskanál) aktív száraz élesztő vagy 2 teáskanál instant élesztő

1 csésze langyos víz (100°-110°F)

Körülbelül 4 csésze fehérítetlen univerzális liszt

2 teáskanál sót

½ csésze száraz fehérbor

¼ csésze olívaolaj

Vágás

3 evőkanál extra szűz olívaolaj

1 teáskanál durva tengeri só

1. A kovász elkészítéséhez a vízbe szórjuk az élesztőt. Hagyja állni, amíg az élesztő krémes lesz, körülbelül 2 percig. Addig keverjük, amíg az élesztő fel nem oldódik. 1 csésze lisztet simára keverünk. Fedje le műanyag fóliával, és hagyja szobahőmérsékleten körülbelül 1 órán át, de legfeljebb 24 órán át. (Ha forró, tegyük a hűtőbe az előételt. Kb. 1 órával a tészta elkészítése előtt vegyük ki.)

2. Egy nagy teljesítményű turmixgépben vagy konyhai robotgépben keverjen össze 3 csésze lisztet és a sót. Adjuk hozzá a kovászot, a bort és az olajat. A tésztát simára és rugalmasra keverjük, körülbelül 3-5 percig. Nagyon ragacsos lesz, de ne adjunk hozzá több lisztet.

3. Egy nagy tál belsejét olajozzuk ki. Adjuk hozzá a pasztát. Fedjük le műanyag fóliával, és hagyjuk kelni meleg, huzatmentes helyen, amíg a duplájára nem nő, körülbelül 11/2 órán keresztül.

4. Olajozzanak ki egy nagy tepsit vagy 15 × 10 × 1 hüvelykes zselés tekercsformát. Elsimítjuk a tésztát. Helyezze a serpenyőbe, ütögesse meg és nyújtsa ki a kezével, hogy illeszkedjen. Fedjük le műanyag fóliával, és hagyjuk kelni a duplájára, körülbelül 1 órán keresztül.

5. Helyezze a grillt a sütő közepére. Melegítse elő a sütőt 425 °F-ra. Ujjbegyeivel erősen nyomja meg a tésztát, hogy a felületén egymástól körülbelül 1 hüvelyk távolságra lévő gödröcskék keletkezzenek. Meglocsoljuk a 3 evőkanál olajjal. Megszórjuk tengeri sóval. Süssük 25-30 percig, vagy amíg ropogós és aranybarna nem lesz.

6. Csúsztassa a focacciát egy rácsra, hogy kissé kihűljön. Négyzetekre vagy téglalapokra vágjuk, és forrón tálaljuk.

Napon szárított paradicsomos laposkenyér

Focaccia di Pomodori Secchi

8-10 adagot tesz ki

Ehhez a szabad formájú focacciához a nedves, pácolt szárított paradicsom alkalmas. Ha csak fel nem készített szárított paradicsoma van, egyszerűen áztassa be meleg vízbe néhány percre, amíg megpuhul.

1 teáskanál aktív száraz élesztő

1 csésze langyos víz (100°-110°F)

Körülbelül 3 csésze fehérítetlen univerzális liszt

1 teáskanál sót

4 evőkanál extra szűz olívaolaj

8-10 darab pácolt szárított paradicsom, lecsepegtetve és negyedekre vágva

Csipet szárított oregánó, morzsolva

1. Az élesztőt a vízre szórjuk. Hagyja állni, amíg az élesztő krémes lesz, körülbelül 2 percig. Addig keverjük, amíg az élesztő fel nem oldódik. Adjunk hozzá 2 evőkanál olajat.

2. Egy nagy tálban keverjük össze a lisztet és a sót. Adjuk hozzá az élesztős keveréket, és fakanállal addig keverjük, amíg puha tésztát nem kapunk.

3. A tésztát enyhén lisztezett felületre borítjuk. Körülbelül 10 perc alatt sima és rugalmas tésztát gyúrunk, ha szükséges még lisztet adunk hozzá, hogy nedves, enyhén ragacsos tésztát kapjunk. (Vagy nagy teljesítményű turmixgépben, konyhai robotgépben vagy kenyérsütőgépben készítse el a tésztát a gyártó utasításait követve.) Formázzunk golyót a tésztából.

4. Egy nagy tál belsejét olajozzuk ki. Hozzáadjuk a tésztát, egyszer megforgatva, hogy olajos legyen a teteje. Fedjük le műanyag fóliával, és hagyjuk kelni meleg, huzatmentes helyen, amíg a duplájára nem nő, körülbelül 1 1/2 órán keresztül.

5. Olajozzanak ki egy nagy tepsit vagy 12 hüvelykes kerek pizzaformát. Helyezze a tésztát a formára. Olajjal kenjük be a kezünket, és 12 hüvelykes körré lapítsuk ki a tésztát. Fedjük le műanyag fóliával, és hagyjuk kelni a duplájára, körülbelül 45 percig.

6. Helyezze a sütőrácsot a sütő közepére. Melegítse elő a sütőt 450°F-ra. Ujjbegyeivel mélyedéseket készítsen a tésztába egymástól körülbelül 1 hüvelyk távolságra. Minden gödörbe

nyomjunk egy kis paradicsomot. Meglocsoljuk a maradék 2 evőkanál olívaolajjal, az ujjainkkal megkenjük. Megszórjuk oregánóval. Süssük 25 percig, vagy amíg aranybarna nem lesz.

7. Csúsztassa a focacciát egy vágódeszkára, és vágja négyzetekre. Forrón tálaljuk.

Római burgonyás laposkenyér

Burgonya pizza

8-10 adagot tesz ki

Míg a rómaiak sok pizzát esznek a tipikus feltétekkel, első kedvencük a pizza bianca, a "fehér pizza", egy hosszú, téglalap alakú, a focacciához hasonló, de ropogósabb és ropogósabb lapos kenyér. A bianca pizzát általában csak sóval és olívaolajjal öntik meg, bár ez a variáció a vékonyra szeletelt ropogós burgonyával is népszerű.

1 boríték (2 1/2 teáskanál) aktív száraz élesztő vagy 2 teáskanál instant élesztő

1 csésze langyos víz (100°-110°F)

Körülbelül 3 csésze fehérítetlen univerzális liszt

1 teáskanál só és több a burgonyához

6 evőkanál olívaolaj

1 font sárga húsú burgonya, például Yukon Gold, meghámozva és nagyon vékonyra szeletelve

Frissen őrölt fekete bors

1. Az élesztőt a vízre szórjuk. Hagyja állni, amíg az élesztő krémes lesz, körülbelül 2 percig. Addig keverjük, amíg az élesztő fel nem oldódik.

2. Egy nagy tálban keverj össze 3 csésze lisztet és 1 teáskanál sót. Adjuk hozzá az élesztős keveréket és 2 evőkanál olajat. Fakanállal addig keverjük, amíg lágy tésztát nem kapunk. Fordítsa ki a tésztát enyhén lisztezett felületre, és gyúrja simára és rugalmasra körülbelül 10 perc alatt, ha szükséges, adjon hozzá még lisztet, hogy nedves, de nem ragadós tésztát kapjon. (Vagy készítse el a tésztát nagy teljesítményű turmixgépben, konyhai robotgépben vagy kenyérsütőgépben a gyártó utasításait követve.)

3. Egy nagy tál belsejét olajozzuk ki. Hozzáadjuk a tésztát, és egyszer megforgatjuk, hogy olajozza a tetejét. Fedjük le műanyag fóliával. Meleg, huzatmentes helyen duplájára kelesztjük, körülbelül 11/2 óráig.

4. Olajozzon ki egy 15 × 10 × 1 hüvelykes serpenyőt. Óvatosan simítsa el a tésztát, és helyezze a tepsibe. Nyújtsa ki és verje meg a tésztát, hogy illeszkedjen a tepsibe. Fedjük le műanyag fóliával, és hagyjuk kelni a duplájára, körülbelül 45 percig.

5. Helyezze a grillt a sütő közepére. Melegítse elő a sütőt 425 °F-ra. Egy tálban dobd meg a burgonyát a maradék 4 evőkanál olívaolajjal, és ízesítsd sóval és borssal ízlés szerint. Rendezzük a szeleteket a tészta tetejére, kissé átfedve őket.

6. 30 percig főzzük. Emelje fel a hőt 450 °F-ra. Főzzük még 10 percig, vagy amíg a burgonya puha és aranybarna nem lesz. Csúsztassa a pizzát egy deszkára, és vágja négyzetekre. Forrón tálaljuk.

Emilia-Romagna grillezett kenyerek

Piadine

8 kenyeret készít

A Piadina egy Emilia-Romagnában népszerű, serpenyőben vagy kövön főzött kerek lapos kenyér. Az Adriai-tenger partján fekvő tengerparti városokban nyáron színes csíkos vászon kioszkok jelennek meg az utcasarkon. Ebédidő körül kinyitják a bódék ajtaját, és az egyenruhás kezelők lapos rácsokon gurítják és főzik a piadinét. Körülbelül kilenc hüvelyk átmérőjű forró piadinokat félbehajt, majd sajttal, szeletelt prosciuttoval, szalámival vagy párolt zöldségekkel (pl.Fokhagymás escarole), és szendvicsként fogyasztják.

Bár a piadint általában disznózsírral készítik, én az olívaolajjal helyettesítem, mivel friss disznózsír nem mindig kapható. Antipasto vagy snack esetén vágja negyedekre a piadine-t.

3 1/2 csésze fehérítetlen univerzális liszt

1 teáskanál sót

1 teáskanál sütőpor

1 csésze langyos víz

¼ csésze friss disznózsír, olvasztott és lehűtve, vagy olívaolaj

Főtt zöldségek, szeletelt húsok vagy sajtok

1. Egy nagy tálban keverjük össze a lisztet, a sót és a sütőport. Adjuk hozzá a vizet és a zsírt vagy az olajat. Fakanállal addig keverjük, amíg lágy tésztát nem kapunk. A tésztát enyhén lisztezett felületre kaparjuk, és rövid ideig simára gyúrjuk. A tésztából golyót formázunk. Fedjük le egy fordított tállal, és hagyjuk állni 30 perctől 1 óráig.

2. A tésztát 8 egyenlő részre vágjuk. A fennmaradó darabokat letakarva nyújtsunk ki egy tésztadarabot 8 hüvelykes körré. Ismételjük meg a maradék tésztával, köröket rakunk közé viaszpapírral.

3. Melegítsük elő a sütőt 250°F-ra. Közepes lángon melegítsen fel egy nagy tapadásmentes serpenyőt vagy palacsintasütőt, amíg nagyon felforrósodik, és egy csepp víz serceg, és gyorsan eltűnik, amikor a felszínre kerül. Helyezzen egy kör tésztát a felületére, és süsse 30-60 másodpercig, vagy amíg a piadina megszilárdul és megbarnul. Fordítsa meg a tésztát, és süsse még 30-60 másodpercig, vagy amíg a másik oldala szépen megpirul.

4. A piadinát fóliába csomagoljuk, és a sütőben melegen tartjuk, miközben a maradék tésztaköröket ugyanígy megsütjük.

5. Tálaláskor a piadina egyik oldalára helyezzen zöldeket vagy prosciutto szeleteket, szalámit vagy sajtot. Hajtsa rá a piadinát a töltelékre, és fogyasszon úgy, mint egy szendvicset.

Kenyérrudak

Grissini

Körülbelül 6 tucat kenyérrudat készít

A fettuccine-vágóval felszerelt tésztagép hosszú, vékony kenyérrudakat is készíthet, amelyeket kenyérrudaknak nevezünk. (Útmutatást adok arra is, ha kézzel szeretné felvágni a kenyérrúdtésztát.) Változtassa meg az ízét őrölt fekete bors vagy szárított fűszernövények, például apróra vágott rozmaring, kakukkfű vagy oregánó hozzáadásával a tésztához.

1 boríték (2 1/2 teáskanál) aktív száraz élesztő vagy 2 teáskanál instant élesztő

1 csésze langyos víz (100°-110°F)

2 evőkanál extra szűz olívaolaj

Körülbelül 2 1/2 csésze fehérítetlen univerzális liszt vagy kenyérliszt

1 teáskanál sót

2 evőkanál sárga kukoricadara

1. Egy nagy tálban megszórjuk az élesztőt a vízzel. Hagyja állni, amíg az élesztő krémes lesz, körülbelül 2 percig. Addig keverjük, amíg az élesztő fel nem oldódik.

2. Adjuk hozzá az olívaolajat. Adjunk hozzá 2 1/2 csésze lisztet és sót. Addig keverjük, amíg puha tészta nem lesz.

3. Enyhén lisztezett felületen dagasszuk a tésztát keményre és rugalmasra, körülbelül 10 perc alatt, és ha szükséges, adjunk hozzá további lisztet, hogy nem ragadós tésztát kapjunk. (Vagy készítse el a tésztát nagy teljesítményű turmixgépben, konyhai robotgépben vagy kenyérsütőgépben a gyártó utasításait követve.)

4. Egy nagy tál belsejét olajozzuk ki. Tegye a tésztát a tálba, egyszer fordítsa meg, hogy olajozza meg a tetejét. Fedjük le műanyag fóliával, és hagyjuk kelni meleg, huzatmentes helyen, amíg a duplájára nem nő, körülbelül 1 1/2 órán keresztül.

5. Helyezzen két rácsot a sütő közepére. Melegítse elő a sütőt 350 °F-ra. Két nagy tepsit szórjunk meg kukoricadarával.

6. A tésztát röviden átgyúrjuk, hogy eltávolítsuk a légbuborékokat. A tésztát 6 részre osztjuk. Egy tésztadarabot lapítsunk 5 × 4 × 1/4 hüvelykes oválisra. Megszórjuk extra liszttel, hogy ne ragadjon. A maradék tésztát letakarva tartsuk.

7. Helyezze a tészta egy rövid végét egy tésztagép fettuccine vágójába, és vágja fel a tésztát 1/4 hüvelykes csíkokra. Ha kézzel szeretné felvágni a tésztát, sodrófával lapítsa ki egy vágódeszkán. Lisztbe mártott nagy, nehéz késsel 1/4 hüvelykes csíkokra vágjuk.

8. Helyezze el a csíkokat egymástól 1/2 hüvelyk távolságra az egyik előkészített tepsire. Ismételje meg a maradék tésztával. Süssük 20-25 percig, vagy amíg enyhén megbarnulnak, forgó serpenyők a sütés felénél.

9. Hűtsük le a serpenyőkben, rácsokon. Legfeljebb 1 hónapig légmentesen záródó edényben tárolandó.

Édeskömény karikák

Taralli al Finocchio

3 tucat gyűrűt készít

A taralli kérges, gyűrű alakú kenyérrudak. Egyszerűen olívaolajjal, vagy törött pirospaprikával, fekete borssal, oregánóval vagy más fűszernövényekkel ízesíthetők, és egész Dél-Olaszországban népszerűek. Vannak édes taralli is, amelyek borba vagy kávé mellé mártogathatók. A taralli nikkel vagy több hüvelyk méretű is lehet, de mindig kemény és ropogós. Szeretem őket borral és sajttal tálalni.

1 boríték (2 1/2 evőkanál) aktív száraz élesztő vagy 2 teáskanál instant élesztő

1/4 csésze langyos víz (100°-110°F)

1 csésze fehérítetlen univerzális liszt

1 csésze búzadara liszt

1 evőkanál édesköménymag

1 teáskanál sót

1/3 csésze száraz fehérbor

¼ csésze olívaolaj

1. Egy mérőedényben szórjuk rá az élesztőt a vízre. Hagyja állni, amíg az élesztő krémes lesz, körülbelül 2 percig. Addig keverjük, amíg az élesztő fel nem oldódik.

2. Egy nagy tálban keverjük össze a két lisztet, az édesköményt és a sót. Adjuk hozzá az élesztős keveréket, a bort és az olajat. Keverjük, amíg puha tészta nem lesz, körülbelül 2 percig. A tésztát enyhén lisztezett felületre kaparjuk, és körülbelül 10 perc alatt simára és rugalmasra gyúrjuk. A tésztából golyót formázunk.

3. Egy nagy tál belsejét olajozzuk ki. Tegye a tésztát a tálba, egyszer fordítsa meg, hogy olajozza meg a tetejét. Letakarva, meleg, huzatmentes helyen duplájára kelesztjük, körülbelül 1 óra hosszat.

4. Osszuk a tésztát harmadára, majd mindegyik harmadát félbe, hogy 6 egyenlő rész legyen. A többit lefedve egy fordított tállal, egy darabot vágjunk 6 egyenlő részre. Tekerje a darabokat 4 hüvelykes hosszúságúra. Mindegyiket gyűrűvé formázzuk, a végeit összecsípve lezárjuk. Ismételje meg a maradék tésztával.

5. Rakjon ki több szöszmentes kendőt. Tölts meg egy nagy serpenyőt félig vízzel. Forraljuk fel a vizet. Egyenként tegyük

bele a tésztaköröket. (Ne zsúfoljuk össze őket.) Forraljuk 1 percig, vagy amíg a karikák a felszínre nem emelkednek. Vágjuk ki a karikákat egy lyukas kanállal, és tegyük a konyharuhára, hogy lecsepegjen. Ismételje meg a maradék tésztával.

6. Helyezzen két rácsot a sütő közepére. Melegítse elő a sütőt 350 °F-ra. Rendezzünk tészta köröket egymástól 1 hüvelyk távolságra 2 nagy, kiolajozott tepsire. Süssük aranybarnára, körülbelül 45 perc alatt, a sütés felénél forgassuk a serpenyőket. Kapcsolja ki a sütőt, és kissé nyissa ki az ajtót. A karikákat 10 percig hagyjuk hűlni a sütőben.

7. Tegye a gyűrűket rácsokra hűlni. Legfeljebb 1 hónapig légmentesen záródó edényben tárolandó.

Mandula és fekete bors karikák

Taralli a Mandorlával

32 gyűrűt készít

Minden alkalommal, amikor Nápolyba megyek, az egyik első állomásom a pékség, ahol veszek egy nagy zacskónyi ropogós kenyérkarikát. Finomabbak, mint a perec vagy más harapnivalók, és tökéletesek étkezés előtt vagy étkezés közben. A nápolyiak sertésszalonnával készítik, ami csodálatos ízt és szájban olvadó állagot ad nekik, de olívaolajjal is kiválóak. Ezek jól eltarthatók, és jó, ha kéznél vannak a társaságban.

1 boríték (2 1/2 evőkanál) aktív száraz élesztő vagy 2 teáskanál instant élesztő

1 csésze langyos víz (100°-110°F)

1/2 csésze sertészsír, felolvasztva és lehűtve, vagy olívaolaj

3 1/2 csésze fehérítetlen univerzális liszt

2 teáskanál sót

2 teáskanál frissen őrölt fekete bors

1 csésze mandula, finomra vágva

1. Az élesztőt a vízre szórjuk. Hagyja állni, amíg az élesztő krémes lesz, körülbelül 2 percig. Addig keverjük, amíg az élesztő fel nem oldódik.

2. Egy nagy tálban keverjük össze a lisztet, sót és borsot. Keverje hozzá az élesztős keveréket és a zsírt. Addig keverjük, amíg puha tészta nem lesz. A tésztát enyhén lisztezett felületre borítjuk, és körülbelül 10 perc alatt simára és rugalmasra gyúrjuk. A mandulát összegyúrjuk.

3. A tésztából golyót formázunk. Fedjük le a tésztát egy kifordított tálkával, és hagyjuk meleg helyen kelni, amíg a duplájára nem nő, kb 1 óra.

4. Helyezzen 2 rácsot a sütő közepére. Melegítse elő a sütőt 350 °F-ra. Nyomja meg a tésztát, hogy eltávolítsa a légbuborékokat. A tésztát kettévágjuk, majd mindegyik felét félbe, majd minden negyedet félbe, hogy 8 egyforma darab legyen. A maradék tésztát letakarva osszuk 1 darabot 4 egyenlő részre. Tekerje az egyes darabokat 6 hüvelykes kötéllé. Mindegyik kötelet háromszor csavarja meg, majd formálja gyűrűvé, a végeit összecsípve zárja le. Helyezzen karikákat egymástól 1 hüvelyk távolságra két kiolajozott sütőlapra. Ismételje meg a maradék tésztával.

5. Süssük a karikákat 1 órán keresztül, vagy amíg aranybarnák és ropogós nem lesznek, félúton forgassuk meg a serpenyőket. Kapcsolja ki a hőt, és hagyja kihűlni és 1 órán át a sütőben száradni a köröket.

6. Kivesszük a sütőből, és rácsra tesszük, hogy teljesen kihűljön. Legfeljebb 1 hónapig légmentesen záródó edényben tárolandó.

Házi pizza

Pizza di Casa

6-8 adagot tesz ki

Ha meglátogat egy dél-olaszországi házat, akkor ezt a pizzát szolgálják fel. Egészen más, mint a pizzéria típusú kerek pite.

Egy házi pizza körülbelül 3⁄4 hüvelyk vastag, ha nagy serpenyőben főzzük. Mivel a serpenyő ki van olajozva, az alja ropogós lesz. Mozzarella helyett csak enyhén meghintve reszelt sajtot készítenek, ami túl rágóssá válna, ha a pizzát szobahőmérsékleten tálalják, ahogy ez gyakran történik. Ez a fajta pizza jól bírja az újramelegítést.

Próbáld ki ezt a tortát kolbászos vagy gombás szósszal, és ha azonnal el szeretnéd fogyasztani, adj hozzá mozzarellát vagy más olvadt sajtot.

Tészta

1 boríték (21⁄2 evőkanál) aktív száraz élesztő vagy 2 teáskanál instant élesztő

11⁄4 csésze langyos víz (100°-110°F)

Körülbelül 3 1/2 csésze fehérítetlen univerzális liszt

2 teáskanál sót

2 evőkanál olívaolaj

Vágás

1 recept (kb. 3 csésze)Pizzaiola szósz

1/2 csésze frissen reszelt Pecorino Romano

Olivaolaj

1. A tészta elkészítése: Az élesztőt megszórjuk a vízzel. Hagyja állni, amíg az élesztő krémes lesz, körülbelül 2 percig. Addig keverjük, amíg az élesztő fel nem oldódik.

2. Egy nagy tálban keverjünk össze 31/2 csésze lisztet és sót. Adjuk hozzá az élesztős keveréket és az olívaolajat. Fakanállal addig keverjük, amíg puha tészta nem lesz. A tésztát enyhén lisztezett felületre borítjuk, és simára és rugalmasra gyúrjuk, ha szükséges, adjunk hozzá még lisztet, hogy nedves, de nem ragadós tésztát kapjunk, körülbelül 10 percig. (Vagy készítse el a tésztát nagy teljesítményű turmixgépben, konyhai robotgépben vagy kenyérsütőgépben a gyártó utasításait követve).

3.Egy nagy tálat vékonyan kenjünk be olajjal. Tegye a tésztát a tálba, egyszer fordítsa meg, hogy olajozza meg a tetejét. Fedjük le műanyag fóliával. Meleg, huzatmentes helyre tesszük, és duplájára kelesztjük, körülbelül 11/2 óráig.

4.Helyezzen egy rácsot a sütő közepére. Olajozzon ki egy 15 × 10 × 1 hüvelykes zselés tekercsformát. Finoman elsimítjuk a tésztát. Helyezze a tésztát a serpenyő közepére, és nyújtsa ki, és ütögesse meg, hogy illeszkedjen. Fedjük le műanyag fóliával, és hagyjuk kelni körülbelül 45 percig, vagy amíg puffadt és majdnem a duplájára nő.

5.Amíg a tészta a serpenyőben kel, elkészítjük a szószt. Melegítse elő a sütőt 450°F-ra. Ujjbegyeivel erősen nyomja meg a tésztát, hogy 1 hüvelykes távolságonként gödröcskék keletkezzenek a felületén. Kenjük meg a mártással a tésztát úgy, hogy köröskörül 1/2 hüvelykes szegélyt hagyjunk. 20 percig főzzük.

6.Megszórjuk sajttal. Meglocsoljuk olajjal. Tegye vissza a pizzát a sütőbe, és süsse 5 percig, vagy amíg a sajt megolvad és a héja aranybarna lesz. Négyzetekre vágva melegen vagy szobahőmérsékleten tálaljuk.

Nápolyi pizza tészta

Négy 9 hüvelykes pizzához elegendő

Nápolyban, ahol a pizzakészítés művészeti forma, az ideális pizzatészta puha és enyhén ropogós, elég rugalmas ahhoz, hogy a kéreg megrepedése nélkül összehajtható. A nápolyi pizzák nem vastagok és nem tésztaszerűek, sem nem vékonyak és nem ropogósak.

Az Egyesült Államokban kapható liszttípusokkal való megfelelő egyensúly eléréséhez lágy, alacsony gluténtartalmú süteményliszt és keményebb, magasabb gluténtartalmú univerzális liszt kombinációja szükséges. A ropogósabb kéreg érdekében növelje az univerzális liszt mennyiségét, és arányosan csökkentse a süteményliszt mennyiségét. A nagyon magas gluténtartalmú kenyérliszt túl keménysé tenné a pizza héját.

A pizzatészta keverhető és gyúrható elektromos mixerben vagy konyhai robotgépben vagy akár kenyérsütőben is. Az igazi pizzéria állag érdekében süsd meg a pitéket közvetlenül sütőkövön vagy mázatlan terrakotta csempén, amelyek a konyhai boltokban kaphatók.

Ebből a receptből négy pizzára elegendő. Nápolyban mindenkinek megvan a saját pizzája, de mivel otthoni sütőben nehéz egyszerre több pitét sütni, minden pitét szeletekre vágok a tálaláshoz.

1 teáskanál aktív száraz élesztő vagy instant élesztő

1 csésze langyos víz (100-110°F)

1 csésze hagyományos süteményliszt (nem magától kelő)

Körülbelül 3 csésze fehérítetlen univerzális liszt

2 teáskanál sót

1. Az élesztőt a vízre szórjuk. Hagyja állni, amíg az élesztő krémes lesz, körülbelül 2 percig. Addig keverjük, amíg az élesztő fel nem oldódik.

2. Egy nagy tálban keverjük össze a két lisztet és a sót. Adjuk hozzá az élesztős keveréket, és addig keverjük, amíg lágy tésztát nem kapunk. A tésztát enyhén lisztezett felületre borítjuk, és simára és rugalmasra gyúrjuk, ha szükséges, adjunk hozzá még lisztet, hogy nedves, de nem ragadós tésztát kapjunk, körülbelül 10 percig. (Vagy készítse el a tésztát nagy teljesítményű turmixgépben, konyhai robotgépben vagy kenyérsütőgépben a gyártó utasításait követve.)

3. A tésztából golyót formázunk. Lisztezett felületre tesszük, és egy fordított tálba borítjuk. Kb. 11/2 órát hagyjuk kelni szobahőmérsékleten, vagy amíg a duplájára nő.

4. Fedjük le a tésztát, és nyomjuk ki az esetleges légbuborékokat. Vágja félbe vagy negyedekbe a tésztát a készítendő pizzák méretétől függően. Formázz minden darabot golyóvá. Helyezze a golyókat egymástól néhány centire lisztezett felületre, és fedje le törülközővel vagy műanyag fóliával. Hagyjuk kelni 1 órát, vagy amíg a duplájára nem nő.

5. Enyhén szórja be a munkafelületet liszttel. Egy tésztadarabot simítsunk ki és nyújtsunk ki 9-12 hüvelykes körré, körülbelül 1/4 hüvelyk vastagságúra. A tészta szélét kicsit vastagabbra hagyjuk.

6. Egy pizzahéjat vagy perem nélküli tepsit bőségesen szórjunk meg liszttel. Óvatosan helyezze a tésztakört a bőrre. Rázza fel a bőrt, hogy a tészta ne ragadjon le. Ha igen, emeljük fel a tésztát, és adjunk hozzá még lisztet a bőréhez. A tészta készen áll a recepted szerint töltésre és főzésre.

Mozzarella, paradicsomos és bazsalikomos pizza

Margarita pizza

Négy 9 hüvelykes pizzát vagy két 12 hüvelykes pizzát készít

A nápolyiak ezt a klasszikus pizzát – mozzarellával, sima paradicsomszósszal és bazsalikommal készítve – Margheritának hívják egy gyönyörű királynő tiszteletére, aki a 19. században élvezte a pizzát.

1 receptNápolyi pizza tészta, amelyet a 6. lépésben készítettünk el

2 1/2 csészeMarinara szósz, szobahőmérsékleten

12 uncia friss mozzarella, vékonyra szeletelve

Frissen reszelt Parmigiano-Reggiano, opcionális

extra szűz olívaolaj

8 friss bazsalikom levél

1. Ha szükséges, elkészítjük a tésztát és a szószt. Ezután 30-60 perccel sütés előtt tegyen pizzakövet vagy mázatlan agyaglapokat vagy tepsit a sütő legalsó szintjén lévő rácsra. Kapcsolja be a sütőt magasra – 500° vagy 550° F.

2. Kenjük meg a tésztát egy vékony szósszal úgy, hogy körös-körül 1/2 hüvelykes szegélyt hagyunk. A tetejére helyezzük a mozzarellát, és ízlés szerint megszórjuk reszelt sajttal.

3. Nyissa ki a sütőt, és óvatosan csúsztassa ki a tésztát a bőréből úgy, hogy kissé megdönti a kő háta felé, majd finoman előre, majd vissza rázza. Süsse a pizzát 6-7 percig, vagy amíg a héja ropogós és aranybarna nem lesz.

4. Vágódeszkára szedjük, és meglocsoljuk egy kevés extra szűz olívaolajjal. 2 bazsalikomlevelet tépünk fel, és szórjuk a pizzára. Karikára vágjuk és azonnal tálaljuk. A többi hozzávalóból ugyanígy készítsünk más pizzákat is.

Variáció: A főtt pizza tetejét apróra vágott friss rukkolával és szelet prosciuttoval tesszük.

Paradicsomos, fokhagymás és oregánós pizza

Pizza Marinara

Négy 9 hüvelykes pizzát vagy két 12 hüvelykes pizzát készít

Bár Nápolyban sokféle pizzát esznek, a nápolyi pizzakészítők hivatalos szövetsége csak kétféle pizzát hagy jóvá autenticónak, vagyis az igazinak. Mozzarella, paradicsomos és bazsalikomos pizza, amelyet egy szeretett királynőről neveztek el, az egyik, a másik pedig a marinara pizza, amely a neve ellenére (marinara jelentése "a tengerészé") tenger gyümölcsei nélkül készül. Ha azonban Nápoly helyett Rómában rendeli ezt a pizzát, valószínűleg szardella lesz rajta.

Nápolyi pizza tészta, amelyet a 6. lépésben készítettünk el

2 1/2 csésze Marinara szósz, szobahőmérsékleten

1 doboz lecsepegtetett szardella (elhagyható)

Szárított oregánó, morzsolva

3 gerezd fokhagyma, vékonyra szeletelve

extra szűz olívaolaj

1. Ha szükséges, elkészítjük a tésztát és a szószt. Ezután 30-60 perccel sütés előtt tegyen egy pizzakövet, mázatlan kőedénylapokat vagy tepsit a sütő legalsó szintjén lévő rácsra. Kapcsolja be a sütőt magasra – 500° vagy 550° F.

2. Kenjük meg a tésztát egy vékony szósszal úgy, hogy körös-körül 1/2 hüvelykes szegélyt hagyunk. A tetejére helyezzük a szardellákat. Megszórjuk oregánóval és megszórjuk fokhagymával.

3. Nyissa ki a sütőt, és óvatosan csúsztassa ki a tésztát a bőréből úgy, hogy a kő háta felé dönti, majd finoman rázza előre, majd vissza. Süsse a pizzát 6-7 percig, vagy amíg a héja ropogós és aranybarna nem lesz.

4. Vágódeszkára szedjük, és meglocsoljuk egy kevés extra szűz olívaolajjal. Karikára vágjuk és azonnal tálaljuk. A többi hozzávalóból készítsen több pizzát.

Főzés előtt ezt a pizzát vékonyra szeletelt pepperonival és lecsöpögtetett ecetes csípős paprikával tegyük a tetejére.

Vadgombás pizza

Boscaiola pizza

Négy 9 hüvelykes pizzát készít

Piemontban borász barátok elvittek a férjemmel egy pizzériába, amelyet egy nápolyi nyitott meg. Készített nekünk egy pizzát két helyi alapanyaggal, a Fontina Valle d'Aosta-val, egy bársonyos tehéntejes sajttal és friss vargányával. A sajt szépen megolvadt és kiegészítette a gomba fás ízét. Bár az Egyesült Államokban nehéz friss vargányát találni, ez a pizza még mindig jó más típusú gombával elkészítve.

Nápolyi pizza tészta, amelyet a 6. lépésben készítettünk el

3 evőkanál extra szűz olívaolaj

1 gerezd fokhagyma, vékonyra szeletelve

1 kiló válogatott gomba, például fehér, shiitake és laskagomba (vagy csak fehér gombát használjon), vágva és szeletelve

½ teáskanál apróra vágott friss kakukkfű vagy egy csipet morzsolt szárított kakukkfű

Só és frissen őrölt fekete bors

2 evőkanál apróra vágott friss lapos petrezselyem

8 uncia Fontina Val d'Aosta, Asiago vagy mozzarella, vékonyra szeletelve

1. Ha szükséges, elkészítjük a tésztát. Ezután 30-60 perccel sütés előtt tegyen egy pizzakövet, mázatlan kőedénylapokat vagy tepsit a sütő legalsó szintjén lévő rácsra. Kapcsolja be a sütőt magasra – 500° vagy 550° F.

2. Egy nagy serpenyőben közepes lángon hevítsük fel az olajat a fokhagymával. Adjunk hozzá gombát, kakukkfüvet, sót és borsot ízlés szerint, és főzzük gyakran kevergetve, amíg a gomba leve elpárolog, és a gomba megpirul, körülbelül 15 percig. Belekeverjük a petrezselymet és levesszük a tűzről.

3. A sajtszeleteket a tésztára terítjük úgy, hogy körös-körül 1 hüvelykes szegélyt hagyjunk. Díszítsük a gombával.

4. Nyissa ki a sütőt, és óvatosan csúsztassa ki a tésztát a bőréből úgy, hogy a kő felé dönti, majd finoman rázza előre, majd hátra. Süsse a pizzát 6-7 percig, vagy amíg a héja ropogós és aranybarna nem lesz. Meglocsoljuk egy kevés extra szűz olívaolajjal.

5. Vágódeszkára szedjük, és meglocsoljuk egy kevés extra szűz olívaolajjal. Karikára vágjuk és azonnal tálaljuk. A többi hozzávalóból készítsen több pizzát.

Calzoni

4 calzonit készít

Spaccanapoli utcáin, Nápoly régi részének szerencséje lehet, ha egy calzonit készítő utcai árussal találkozik. A szó jelentése „nagy zokni", találó leírása ennek a töltött péksüteménynek. A calzone egy kör pizzatésztából áll, amely papucsszerűen össze van hajtva a feltét köré. Az utcai árusok hordozható tűzhelyekre helyezett nagy, forrásban lévő olajban megsütik őket. A pizzériákban általában calzonit sütnek.

1 boríték (2 1/2 teáskanál) aktív száraz élesztő vagy 2 teáskanál instant élesztő

1 1/3 csésze langyos víz (100°-110°F)

Körülbelül 3 1/2 csésze fehérítetlen univerzális liszt

2 teáskanál sót

2 evőkanál olívaolaj, plusz még a tetejére kenéshez

Töltő

1 font teljes vagy részben fölözött tejes ricotta

8 uncia friss mozzarella, apróra vágva

4 uncia prosciutto, szalámi vagy sonka, apróra vágva

½ csésze frissen reszelt Parmigiano-Reggiano

1. Egy nagy tálban megszórjuk az élesztőt a vízzel. Hagyja állni, amíg az élesztő krémes lesz, körülbelül 2 percig. Addig keverjük, amíg az élesztő fel nem oldódik.

2. Adjunk hozzá 3 1/2 csésze lisztet, sót és 2 evőkanál olívaolajat. Fakanállal addig keverjük, amíg puha tészta nem lesz. A tésztát enyhén lisztezett felületre borítjuk, és ha szükséges még lisztet adunk hozzá, 10 perc alatt simára és rugalmasra gyúrjuk.

3. Egy nagy tálat vékonyan kenjünk be olajjal. Helyezze a tésztát a tálba, fordítsa meg, hogy olajozza meg a tetejét. Fedjük le műanyag fóliával. Meleg helyre tesszük, huzattól távol, és duplájára kelesztjük, körülbelül 1 óra 30 percig.

4. Az öklével simítsa el a tésztát. A tésztát 4 részre vágjuk. Formázz minden darabot golyóvá. Helyezze a golyókat egymástól néhány centire egy enyhén lisztezett felületre. Lazán fedjük le műanyag fóliával, és hagyjuk kelni, amíg a duplájára nem nő, körülbelül 1 óra.

5. Közben a töltelék hozzávalóit jól összekeverjük.

6. Helyezzen két rácsot a sütő közepére. Melegítse elő a sütőt 425 °F-ra. 2 nagy tepsit kiolajozunk.

7. Enyhén lisztezett felületen sodrófával nyújtsunk ki egy tésztadarabot 9 hüvelykes kör alakúra. Helyezze a töltelék negyedét a kör felére, hagyjon egy 1/2 hüvelykes szegélyt a lezáráshoz. Hajtsa fel a tésztát a töltelékhez, nyomja ki a levegőt. Erősen szorítsa össze a széleket a lezáráshoz. Ezután hajtsa rá a szegélyt és zárja le újra. Helyezze a calzone-t az egyik tepsire. Ismételje meg a maradék tésztával és a töltelékkel, a calzonit néhány hüvelyk távolságra helyezve.

8. Vágjon egy kis rést minden calzone tetején, hogy a gőz távozhasson. A tetejét megkenjük olívaolajjal.

9. Süsse 35-40 percig, vagy amíg ropogós és aranybarna nem lesz, a sütés felénél forgassa meg a serpenyőket. Csúsztassa rácsra hűlni 5 percre. Forrón tálaljuk.

Variáció: Töltsd meg a calzonit ricotta, kecskesajt, fokhagyma és bazsalikom keverékével, vagy tálald fel paradicsomszósszal.

Szardella rántott

Crispeddi di Alici

12-t tesz ki

Ezek a szardellával töltött kis tekercsek nagyon népszerűek Dél-Olaszországban. A Crispeddi calabriai név; A szicíliaiak fanfarichinak vagy egyszerűen pasta fritta-nak, „sült tésztának" hívják. A férjem szicíliai családja mindig szilveszterkor evett belőle, míg más családok nagyböjtben fogyasztották.

1 boríték (2½ teáskanál) aktív száraz élesztő vagy 2 teáskanál instant élesztő

1 ⅓ csésze langyos víz (100°-110°F)

Körülbelül 3½ csésze fehérítetlen univerzális liszt

2 teáskanál sót

1 doboz (2 uncia) lapos szardellafilé, lecsepegtetve és szárazra verve

Körülbelül 4 uncia mozzarella, ½ hüvelyk vastag csíkokra vágva

Növényi olaj sütéshez

1. Az élesztőt a vízre szórjuk. Hagyja állni, amíg az élesztő krémes lesz, körülbelül 2 percig. Addig keverjük, amíg az élesztő fel nem oldódik.

2. Egy nagy tálban keverjünk össze 3 1/2 csésze lisztet és sót. Adjuk hozzá az élesztős keveréket, és addig keverjük, amíg lágy tésztát nem kapunk. A tésztát enyhén lisztezett felületre borítjuk, és ha szükséges még lisztet adunk hozzá, 10 perc alatt simára és rugalmasra gyúrjuk.

3. Egy nagy tálat olajozzon ki. Tegye a tésztát a tálba, egyszer fordítsa meg, hogy olajozza meg a tetejét. Fedjük le műanyag fóliával. Tedd meleg helyre, huzattól távol, és hagyd kelni, amíg a duplájára nem nő, kb 1 óra.

4. Simítsa el a tésztát, hogy eltávolítsa a légbuborékokat. A tésztát 12 részre vágjuk. 1 darabot enyhén lisztezett felületre helyezünk, a többi darabot letakarva.

5. Nyújtsuk ki a tésztát körülbelül 5 hüvelyk átmérőjű körré. Helyezzen egy darab szardellat és egy darab mozzarellát a kör közepére. Emelje meg a tészta széleit, és nyomja össze őket a töltelék körül, pénztárcához hasonló hegyet formálva. Lapítsuk ki a hegyet a levegő kinyomásával. Csípje meg a varrást, hogy szorosan lezárja. Ismételje meg a többi összetevővel.

6. Béleljen ki egy tálcát papírtörlővel. Öntsön annyi olajat egy nagy, nehéz serpenyőbe, hogy elérje a 1/2 hüvelyk mélységet. Melegítsük fel az olajat közepes lángon. Egyszerre adjon hozzá néhány tekercset, a varrás oldalával lefelé helyezve őket. A tekercseket egy spatula hátával ellapítva aranybarnára sütjük, oldalanként körülbelül 2 perc alatt. Papírtörlőn lecsepegtetjük. Megszórjuk sóval.

7. A maradék tekercseket ugyanígy megsütjük. Tálalás előtt hagyjuk kissé kihűlni.

Jegyzet: Legyen óvatos, amikor megharapja őket; a belső tér nagyon meleg marad, míg a külső lehűl.

Paradicsom és sajt forgalom

Panzerotti Pugliese

16 fordulatot hajt végre

A fenti szardellasütihez hasonló kis forgalom a Pugliából származó Marzovilla Dora specialitása. Minden nap elkészíti őket családja New York-i I Trulli éttermébe. Ezeket szardellával vagy anélkül is elkészíthetjük.

1 fánktészta recept (tólSzardella rántott)

3 olasz paradicsom kimagozva és apróra vágva

Só

4 uncia friss mozzarella, 16 darabra vágva

Növényi olaj sütéshez

1. Készítsük elő a tésztát. Ezután vágja félbe a paradicsomot, és nyomja ki a levét és a magokat. A paradicsomot apróra vágjuk, sóval, borssal ízesítjük.

2. A tésztát negyedekre vágjuk. Minden negyedet 4 darabra vágunk. A maradék tésztát letakarva nyújtsuk ki az egyik

darabot 4 hüvelykes körré. Helyezzen 1 teáskanál paradicsomot és egy darab mozzarellát a kör egyik oldalára. A tészta másik felét a töltelékre hajtjuk, hogy félholdat formázzon. Nyomjuk ki a levegőt, és szorítsuk össze a széleket a lezáráshoz. A széleket villával erősen megcsípjük.

3. Béleljen ki egy tálcát papírtörlővel. Egy mélyedényben vagy olajsütőben hevíts fel legalább 1 hüvelyk olajat 375°F-ra egy mélysütő hőmérőn, vagy amíg egy 1 hüvelykes kenyérdarab 1 perc alatt meg nem pirul. Egyenként óvatosan tegyük bele a forgatást a forró olajba. Hagyjon elegendő helyet közöttük, hogy ne érjenek egymáshoz. Egyszer-kétszer fordítsa meg a forgatást, és süsse aranybarnára, oldalanként körülbelül 2 percig.

4. Tegye át papírtörlőre, hogy lefolyjon. Megszórjuk sóval. Forrón tálaljuk.

*Jegyzet:*Legyen óvatos, amikor megharapja őket; a belső tér nagyon meleg marad, míg a külső lehűl.

húsvéti pite

Pizza Rustica vagy Pizza Chiene

12 adagot készít

A legtöbb dél-olasz húsvétra készít ennek a nagyon gazdag és ízletes piténak valamilyen változatát. Egyes piték élesztőtésztával készülnek, mások édes pitehéjat használnak. A töltelékhez gyakran adnak kemény tojást, és minden szakácsnak megvan a maga kedvenc sajt és felvágott kombinációja. Nagymamám így készítette a húsvéti pitét.

A Pizza rustica pizza chiene (ejtsd: "pizza gheen") néven is ismert, a pizza ripiene nyelvjárási formája, ami azt jelenti, hogy "töltött" vagy "tele" pite. Általában a húsvét hétfői pikniken eszik, amikor a családok a tavasz beköszöntét ünneplik. Mivel olyan gazdag, egy kis szelet sokra megy.

Kéreg

4 csésze fehérítetlen univerzális liszt

1 1/2 teáskanál só

1/2 csésze szilárd növényi zsiradék

½ csésze (1 rúd) sótlan vaj, lehűtve és darabokra vágva

2 nagy tojás, felverve

3-4 evőkanál jeges víz

Töltő

8 uncia enyhe olasz kolbász, bélelve

3 nagy tojás, enyhén felverve

1 csésze frissen reszelt Parmigiano-Reggiano vagy Pecorino Romano

2 font egészben vagy részben sovány ricotta, egy éjszakán át lecsepegtetve (lásd az oldalsávotA ricottát lecsepegtetjük)

8 uncia friss mozzarella, apró kockákra vágva

4 uncia prosciutto, finomra vágva

4 uncia főtt sonka, apró kockákra vágva

4 uncia sopressata, finomra vágva

jegesedés

1 tojás, enyhén felverve

1. A tészta elkészítése: A lisztet és a sót egy tálban összekeverjük. Vágja bele a zsemledarabot, és vajjal keverje ki botmixerrel vagy villával, amíg a keverék nagy morzsára nem hasonlít. Hozzáadjuk a tojásokat, és addig keverjük, amíg lágy tésztát nem kapunk. Kezével felszívja a keverék egy részét, és gyorsan nyomja össze, amíg össze nem áll. Ismételje meg a többi tésztával, amíg a hozzávalók össze nem állnak, és sima golyót nem kapnak. Ha a keverék túl száraznak és omlósnak tűnik, adjunk hozzá egy kevés jeges vizet. A tésztát két korongra szedjük, az egyik háromszor nagyobb, mint a másik. Csomagoljon minden lemezt műanyag fóliába. Hűtőbe tesszük 1 órára akár egy éjszakára.

2. A töltelék elkészítéséhez a kolbászhúst egy kis serpenyőben közepes lángon, időnként megkeverve főzzük úgy 10 percig, amíg már nem rózsaszínű lesz. Egy lyukas kanál segítségével távolítsa el a húst. A húst deszkán szeleteljük fel.

3. Egy nagy tálban felverjük a tojást és a parmezánt, amíg jól össze nem keveredik. Hozzákeverjük a ricottát, a kolbászhúst, a mozzarellát és a felkockázott húsokat.

4. Helyezze a sütőrácsot a sütő alsó harmadába. Melegítse elő a sütőt 375 °F-ra. Enyhén lisztezett felületen lisztezett sodrófával kinyújtjuk a nagy tésztadarabot, hogy 14 hüvelykes kört

formázzon. A tésztát a sodrófára terítjük. Tegye át a tésztát egy 9 hüvelykes rugós formába, finoman nyomja a tepsi aljához és oldalaihoz. A tölteléket a tepsibe kaparjuk.

5. Nyújtsa ki a maradék tésztadarabot 9 hüvelykes körré. Egy hullámos tésztakoronggal vágja fel a tésztát 1/2 hüvelykes csíkokra. Helyezze a csíkok felét egymástól 1 hüvelyk távolságra a töltelék tetejére. Fordítsa meg a serpenyőt negyed fordulattal, és helyezze rá a maradék csíkokat, rácsos mintát formázva. Csípje össze a felső és az alsó tésztaréteg széleit a lezáráshoz. A tésztát megkenjük tojásos mázzal.

6. Süssük a lepényt 1-11/4 órán keresztül, vagy amíg a héja aranybarna és a töltelék felfuvalkodott. Hűtsük a tortát a serpenyőben egy rácson 10 percig. Távolítsa el a forma oldalait, és hagyja teljesen kihűlni. Forrón vagy szobahőmérsékleten tálaljuk. Fedjük le szorosan és tároljuk a hűtőszekrényben legfeljebb 3 napig.

Szicíliai kardhal pite

Impanata di Pesce Spada

8-10 adagot tesz ki

A szicíliaiak ezt az ízletes pitét kardhallal vagy tonhalral, padlizsánnal vagy cukkinivel készítik. Ez egy látványos étel, és minden alkalommal, amikor elkészítem, eszembe jut Giuseppe de Lampedusa leírása a lakomaasztalról A leopárd című regényében, amely a szicíliai arisztokrácia hanyatlásáról szól. Kicsit produkció, de megéri.

Tészta

4 csésze fehérítetlen univerzális liszt

2 evőkanál cukor

1 teáskanál sót

½ csésze (4 uncia) hideg zöldségleves

½ csésze (1 rúd) hideg, sótlan vaj, 1/4 hüvelyk vastag szeletekre vágva

1 teáskanál reszelt narancshéj

2 nagy tojás, felverve

Körülbelül 3-4 evőkanál hideg, száraz fehérbor

Töltő

Olivaolaj

1 közepes padlizsán (kb. 1 font) 1/4 hüvelyk vastag szeletekre vágva

Só

1 közepes vöröshagyma, apróra vágva

1 borda zsenge zeller, finomra vágva

5 érett paradicsom meghámozva, kimagozva és apróra vágva, vagy 2 1/2 csésze apróra vágott lecsepegtetett paradicsomkonzerv

1/2 csésze kimagozott zöld olajbogyó, apróra vágva

2 evőkanál apróra vágott kapribogyót, leöblítjük és lecsepegtetjük

2 evőkanál mazsola

2 evőkanál fenyőmag

1 kiló kardhal, vékonyra szeletelve

Só és frissen őrölt fekete bors

1. A tészta elkészítése: A lisztet, a cukrot és a sót egy nagy tálba tesszük. Turmixgéppel vagy villával vágja bele a vajat és a narancshéjat, amíg a keverék durva zsemlemorzsára nem hasonlít. Hozzákeverjük a tojást és annyi bort, hogy a száraz hozzávalók kezdjenek összeállni és tésztát formázni. Kezével felszívja a keverék egy részét, és gyorsan nyomja össze, amíg össze nem áll. Ismételje meg a maradék tésztával, amíg össze nem áll és golyót nem formál. Ha a keverék túl száraznak és omlósnak tűnik, adjunk hozzá körülbelül egy teáskanál hideg vizet. A tésztát két korongra szedjük, az egyik kétszer akkora, mint a másik. Csomagoljon minden lemezt műanyag fóliába.

2. A töltelék elkészítése: Egy nagy serpenyőben hevíts fel 1/4 csésze olívaolajat. A padlizsánszeleteket szárítsa meg, és egy-egy rétegben süsse aranybarnára. Megszórjuk sóval.

3. Egy másik nagy serpenyőben közepes lángon keverjen össze 1/4 csésze olívaolajat, hagymát és zellert. Főzzük gyakran kevergetve, amíg a zöldségek megpuhulnak, körülbelül 10 percig. Keverje hozzá a paradicsomot, a kapribogyót, az olajbogyót, a mazsolát és a fenyőmagot. Addig főzzük, amíg a leve elpárolog és a szósz sűrű lesz. Adjuk hozzá a kardhalat, majd sózzuk, borsozzuk ízlés szerint. A halat meglocsoljuk a szósszal. Fedjük le, és főzzük 5-8 percig, vagy amíg a hal a

legvastagabb része csak rózsaszínű lesz. Ha túl sok folyadék van a serpenyőben, tegyük ki a halat egy tányérra, és közepes lángon csökkentsük le a folyadékot. Hagyjuk kihűlni.

4. Helyezze a sütőrácsot a sütő közepére. Melegítse elő a sütőt 375 °F-ra.

5. Ha a tésztát egy éjszakán át hűtőben állították, hagyja szobahőmérsékleten 20-30 percig állni, mielőtt kinyújtja. Nyújtsa ki a legnagyobb tésztadarabot 14 hüvelykes körré. Lazán tekerje a tésztát a sodrófa köré, hogy a tésztát egy 9 hüvelykes rugós formába helyezze. Finoman nyomkodjuk a tésztát a tepsi aljába és az oldalára. Helyezze a kardhal keverék felét a tésztára. Befedjük a padlizsánnal. Díszítsük a maradék kardhallal és szósszal.

6. Nyújtsa ki a kisebb tésztadarabot 10 hüvelykes körré. Középre helyezzük a tésztát a torta tetejére. Vágja le az egészet, kivéve egy 1/2 hüvelykes tésztaszegélyt. A tésztát ráhajtjuk, a széleit összecsípjük, hogy lezárjuk.

7. Egy kis késsel többször vágja be a tészta tetejét, hogy a gőz távozhasson. Süssük 50-60 percig, vagy amíg a teteje aranybarna nem lesz, és a réseken látható lé bugyborékol.

8. Rácson 10 percig hűlni hagyjuk. Távolítsa el a serpenyő oldalait. Hagyjuk még 15 percig hűlni. Forrón vagy szobahőmérsékleten tálaljuk.

Scallion Pite

Cippoltti pizza

8 adagot készít

Pugliában ennek a pitenek a töltelékét puha póréhagymával vagy zöldhagymával készítik. Gyakrabban használok zöldhagymát, mert kicsit könnyebb vele dolgozni, de ha szereti, próbálja ki a póréhagymát. Tálaljuk juhsajttal és primitivóval, egy robusztus vörösborral erről a vidékről, vagy zinfandellel.

Tészta

1 csomag (2½ teáskanál) aktív száraz élesztő

¾ csésze langyos víz (100°-110°F)

3 evőkanál extra szűz olívaolaj

Körülbelül 2½ csésze fehérítetlen univerzális liszt

1 teáskanál sót

Töltő

3 csokor zöldhagyma (körülbelül 12 uncia)

3 evőkanál extra szűz olívaolaj

1 csésze nagy zöld olajbogyó, kimagozva és durvára vágva

1. Egy nagy tálban megszórjuk az élesztőt a vízzel. Hagyja állni, amíg az élesztő krémes lesz, körülbelül 2 percig. Addig keverjük, amíg az élesztő fel nem oldódik.

2. Adjunk hozzá olívaolajat, 2 1/2 csésze lisztet és sót. A keveréket addig keverjük, amíg lágy tészta nem lesz. A tésztát enyhén lisztezett felületre borítjuk. Gyúrjuk simára és rugalmasra, körülbelül 10 percig, ha szükséges, adjunk hozzá még lisztet. A tésztának nedvesnek, de nem ragadósnak kell lennie. A tésztából golyót formázunk.

3. Egy nagy tálat olajozzon ki, és helyezze bele a tésztát, egyszer megforgatva, hogy olajozza meg a tetejét. Fedjük le műanyag fóliával, és hagyjuk kelni meleg, huzatmentes helyen, amíg a duplájára nem nő, körülbelül 1 1/2 órán keresztül.

4. Közben elkészítjük a tölteléket: A hagymát felszeleteljük, eltávolítjuk a gyökérvéget és a zúzódásos külső leveleket. Vágja le körülbelül 1 hüvelyket a tetejéről. A hagymát hosszában félbevágjuk, majd keresztben 1/2 hüvelykes darabokra.

5. Egy nagy serpenyőben közepes-alacsony lángon hevítsük fel az olajat. Adjuk hozzá a hagymát. Fedjük le az edényt, és időnként megkeverve főzzük körülbelül 10 percig, amíg a hagyma megpuhul, de nem barnul meg. Vegye le a tűzről. Adjuk hozzá az olajbogyót és hagyjuk kihűlni.

6. Helyezzen egy rácsot a sütő közepére. Melegítsük elő a sütőt 400°F-ra. Simítsa el a tésztát, hogy eltávolítsa a légbuborékokat. A tésztát 2 részre osztjuk, az egyik kétszer akkora, mint a másik.

7. Enyhén lisztezett felületen nyújtsuk ki a legnagyobb tésztadarabot 12 hüvelykes körré. Lazán tekerje a tésztát a sodrófa köré, és tegye át egy 9 hüvelykes rugós formába. Középre helyezzük a tésztát a tepsibe, és egyenletesen rányomkodjuk, hogy illeszkedjen. A tölteléket egyenletesen elosztjuk a tésztán úgy, hogy körös-körül 1 hüvelykes szegélyt hagyunk.

8. A maradék tésztát 9 hüvelykes körré nyújtjuk. Helyezzük a kört a töltelék tetejére. Csípje össze a tészta széleit, hogy lezárja. Egy kis, éles késsel vágjon nyolc 1/2 hüvelykes rést a tészta tetejére.

9. Süssük 40 percig, vagy amíg aranybarna nem lesz. Rácson 10 percig hűlni hagyjuk. Távolítsa el a serpenyő oldalait. Hagyjuk még 15 percig hűlni. Forrón vagy szobahőmérsékleten tálaljuk.

Ragúval töltött csirke

Pollo Ripieno al Ragù

6 adagot készít

Nagymamám így készítette a csirkét ünnepekre és különleges alkalmakra. A töltelék nemcsak belülről ízesíti a csirkét, de bármi, ami a szószba ömlik, extra ízt ad neki.

Bőséges mennyiségű szósz fogja körül a csirkét. Félretehetjük, hogy tésztával tálaljuk egy másik étkezéshez.

8 uncia spenót, vágva

8 uncia darált borjúhús

1 nagy tojás, felvert

1/4 csésze sima száraz zsemlemorzsa

1/4 csésze frissen reszelt Pecorino Romano

Só és frissen őrölt fekete bors

1 csirke (31/2-4 font)

2 evőkanál olívaolaj

1 közepes vöröshagyma, apróra vágva

½ csésze száraz fehérbor

1 doboz (28 uncia) hámozott paradicsom, malomban darálva

1 babérlevél

1. Helyezze a spenótot egy nagy serpenyőbe közepes lángon 1/4 csésze vízzel. Fedjük le és főzzük 2-3 percig, vagy amíg megpuhul és megpuhul. Lecsepegtetjük és lehűtjük. Csomagolja be a spenótot egy szöszmentes ruhába, és nyomja ki annyi vizet, amennyit csak lehetséges. A spenótot apróra vágjuk.

2. Egy nagy tálban keverje össze az apróra vágott spenótot, borjúhúst, tojást, zsemlemorzsát, sajtot, sót és borsot ízlés szerint. Jól összekeverni.

3. Öblítse le a csirkét és szárítsa meg. Kívül-belül megszórjuk sóval, borssal. Finoman töltse meg a csirke üregét a töltelékkel.

4. Egy nagy, vastag aljú serpenyőben közepes lángon hevítsük fel az olajat. Adjuk hozzá a csirkemellel lefelé. Főzzük 10 percig, vagy amíg aranybarna nem lesz. A csirkemellet felfelé fordítsuk. A hagymát szórjuk a csirke köré, és pirítsuk még körülbelül 10 percig. A maradék töltelékət a csirke köré szórjuk. Adjuk hozzá a bort és pároljuk 1 percig. A paradicsomot, a babérlevelet, ízlés

szerint sózzuk, borsozzuk a csirkére. Csökkentse a hőt, és részben fedje le a serpenyőt. 30 percig főzzük.

5. Óvatosan fordítsa meg a csirkét. Részben lefedve süssük még 30 percig. Ha a szósz túl folyékony, fedje le a serpenyőt. Főzzük még 15 percig, vagy amíg a csirke leesik a csontról, amikor villával teszteljük.

6. Vegye ki a csirkét a szószból. Vágjuk fel a csirkét, és tegyük egy tányérra. Zsírtalanítsa a szószt egy nagy kanállal vagy zsírleválasztóval. Öntsünk egy kevés szószt a csirkére, és forrón tálaljuk.

Sült főtt csirke

Pollo Bollito Arrosto

4 adagot készít

Leona Ancona Cantone, egy középiskolás barátom mesélte, hogy édesanyja, akinek családja Abruzzóból származott, sok évvel ezelőtt készített ilyesmit. A receptet úgy képzelem el, hogy a legtöbbet hozza ki a csirkéből, mivel húslevest és sült húst is tartalmaz. A főzési és pörkölési módszer nagyon gyengéd madarat eredményez.

1 csirke (3 1/2-4 font)

1 sárgarépa

1 borda zeller

1 hagyma, meghámozva

4 vagy 5 szál petrezselyem

Só

2/3 csésze sima zsemlemorzsa

1/3 csésze frissen reszelt Parmigiano-Reggiano

½ teáskanál szárított oregánó, morzsolva

2-3 evőkanál olívaolaj

2 evőkanál citromlé

Frissen őrölt fekete bors

1. Tegye a szárnyvégeket a háta mögé. Helyezze a csirkét egy nagy serpenyőbe, és öntsön hideg vizet, hogy ellepje. Forraljuk fel a folyadékot, és főzzük 10 percig. A habot egy nagy kanállal leszedjük.

2. Adjunk hozzá sárgarépát, zellert, hagymát, petrezselymet és sót ízlés szerint. Közepes-alacsony lángon addig főzzük, amíg a csirke megpuhul, amikor villával megszúrjuk a comb legvastagabb részén, és a leve kiürül, körülbelül 45 percig. Vegye ki a csirkét az edényből. (További összetevőket, például hús- vagy csirkedarabokat is hozzáadhat a húsleveshez, és még kb. 60 percig főzheti. Szűrje le és hűtse le a húslevest, vagy fagyasztja le levesekhez vagy más célokra.)

3. Helyezzen egy rácsot a sütő közepére. Melegítse elő a sütőt 450°F-ra. Egy nagy tepsit kiolajozunk.

4.Egy tányéron keverjük össze a zsemlemorzsát, a sajtot, az oregánót, az olívaolajat, a citromlevet, a sót és a borsot ízlés szerint.

5.Nehéz konyhai ollóval a csirkét tálaló darabokra vágjuk. A csirkét mártsuk bele a zsemlemorzsába, ütögessük meg, hogy ragadjon. Helyezze a csirkét az előkészített sütőedénybe.

6.30 percig sütjük, vagy amíg a kéreg aranybarna és ropogós nem lesz. Forrón vagy szobahőmérsékleten tálaljuk.

Csirke tégla alatt

Pollo al Mattone

2 adagot készít

A súly alatt főtt hasított és lapított csirke kívül ropogós, belül lédús. Toszkánában vásárolhat egy speciális nehéz agyagkorongot, amely lelapítja a csirkét, és egyenletesen tartja a serpenyő felületén. Nehezékként egy nehéz, kívülről fóliával bélelt öntöttvas serpenyőt használok, de jól jön a fóliába csomagolt normál tégla is. Fontos, hogy ennél a receptnél egy nagyon kicsi csirkét vagy akár egy cornwalli tyúkot használjunk; különben a külseje kiszárad, mielőtt a csont melletti hús megsülne.

1 kis csirke (kb. 3 font)

Só és frissen őrölt fekete bors

⅓ csésze olívaolaj

1 citrom negyedekre vágva

1. Törölje szárazra a csirkét. Egy nagy szakácskéssel vagy baromfiollóval vágja szét a csirkét a gerinc mentén. Egy vágódeszkán nyissa ki a csirkét laposra, mint egy könyvet. Vágja ki a mellcsontot, amely elválasztja a melleket. Távolítsa el a

szárnyvégeket és a második szárnyrészt a csatlakozásnál. A
csirkét egy gumikalapáccsal vagy más nehéz tárggyal finoman
ütögetve simítsa ki. Mindkét oldalát bőven megszórjuk sóval,
borssal.

2. Olyan serpenyőt válasszunk, amiben elfér a lapított csirke,
valamint a súlya. Válasszon egy második nehéz serpenyőt vagy
serpenyőt, amely képes lesz egyenletesen nyomni a csirkét.
Fedjük le alufóliával az alját, a fólia széleit hajtsuk rá a tepsi
belsejére, hogy rögzítsük. Ha a súly miatt szükséges, töltsük meg
a fóliával bélelt serpenyőt téglával.

3. Öntsük az olajat a serpenyőbe és melegítsük közepes lángon.
Hozzáadjuk a csirkét bőrös felével lefelé. Helyezze rá a súlyt.
Főzzük, amíg a bőr aranybarna nem lesz, 12-15 percig.

4. Csúsztasson egy vékony spatulát a csirke alá, hogy kiengedje a
serpenyőből. Óvatosan fordítsa meg a csirkét a bőrével felfelé.
Cserélje ki a súlyt, és süsse a csirkét addig, amíg a leve el nem
folyik, amikor a combot átszúrták, körülbelül 12 percig. Forrón,
citromkarikákkal tálaljuk.

Citromos csirke saláta

Insalata di Pollo al Limone

6 adagot készít

Egy nagyon forró nyári napon Bordigherában, Liguriában, a francia határ közelében megálltam egy kávézóban ebédelni, és megvédeni magam a napfénytől. A pincér ezt a frissen készült csirke salátát ajánlotta, ami a Niçoise salátára emlékeztetett, amit néhány nappal korábban Franciaországban ettem. Nizzában jellemző a tonhalkonzerv, de jó ez az olasz változat is csirkével.

Ez egy gyors csirke saláta, így én csirkemellet használok, de egész csirkéből készült hússal is elkészíthető. A csirkét előre megfőzhetjük és az öntetben pácolhatjuk, de a zöldségek jobb ízűek, ha főzés után nem hűtjük le. Körülbelül egy órán keresztül szobahőmérsékleten tarthatja őket, amíg készen áll a saláta összeállítására.

4 házi készítésű pohár<u>Tyúkhúsleves</u>, vagy kereskedelmi forgalomban kapható húsleves és víz keveréke

4-6 kis viaszos burgonya, például Yukon Gold

8 uncia zöldbab, 1 hüvelykes darabokra vágva

Só

2 kiló csont nélküli, bőr nélküli csirkemell, zsírtalanítva

Kötszer

½ csésze extra szűz olívaolaj

2 evőkanál friss citromlé, vagy ízlés szerint

1 evőkanál kapribogyó, leöblítjük, lecsepegtetjük és felaprítjuk

½ teáskanál szárított oregánó, morzsolva

Só és frissen őrölt fekete bors

2 közepes paradicsom, negyedekre vágva

1. Ha szükséges, elkészítjük a húslevest. Helyezze a burgonyát egy serpenyőbe. Adjunk hozzá hideg vizet, hogy ellepje. Fedjük le az edényt, és forraljuk fel a vizet. Késsel megszúrva puhára főzzük, körülbelül 20 percig. A burgonyát lecsepegtetjük, és kicsit hűlni hagyjuk. Húzzuk le a héjakat.

2. Forraljunk fel egy közepes fazék vizet. Adjuk hozzá a zöldbabot és ízlés szerint sót. Főzzük, amíg a bab megpuhul, körülbelül 10 percig. A babot csepegtessük le, és folyó víz alatt hűtsük le. Törölje le a babot.

3. Egy nagy serpenyőben forraljuk fel a húslevest (ha még nem készült el). Adjuk hozzá a csirkemellet, és fedjük le a serpenyőt. Főzzük a csirkét egyszer megfordítva, 15 percig, vagy addig, amíg megpuhul, és villával megszúrva a csirke leve kipirul. A csirkemelleket lecsepegtetjük, a levest más felhasználásra tartjuk fenn. A csirkemellet keresztben szeletekre vágjuk, és egy közepes tálba tesszük.

4. Egy kis tálban keverjük össze a vinaigrette hozzávalóit. Az öntet felét a csirkére öntjük. A darabokat jól keverjük össze, hogy bevonják őket. Kóstolja meg és állítsa be a fűszerezést. A csirkét egy nagy tál közepére helyezzük. Fedjük le és tegyük hűtőbe legfeljebb 2 órára.

5. A zöldbabot, a burgonyát és a paradicsomot a csirke köré rendezzük. Meglocsoljuk a maradék vinaigrette-vel és azonnal tálaljuk.

Csirke saláta két paprikával

Insalata di Pollo Con Peperoni

8-10 adagot tesz ki

A sült paprika és az ecetes cseresznyepaprika érdekessé teszi ezt a salátát. Ha nem áll rendelkezésre cseresznyepaprika, helyettesítsen egy másik ecetes paprikával, például jalapenóval vagy peperoncinóval. Az üveges sült paprika akkor hasznos, ha nincs ideje saját sütni. Ebből a receptből sok csirke készül, így tökéletes egy partihoz. Ha úgy tetszik, a recept könnyen felezhető.

2 kis csirke (egyenként kb. 3 font)

2 sárgarépa

2 tarja zeller

1 hagyma

Néhány ág petrezselyem

Só

6 szem fekete bors

6 piros vagy sárga harangSült paprika, meghámozzuk és vékony csíkokra vágjuk

szósz

½ csésze olívaolaj

3 evőkanál borecet

¼ csésze apróra vágott friss lapos petrezselyem

2 evőkanál finomra vágott ecetes cseresznyepaprika, vagy ízlés szerint

1 gerezd fokhagyma, finomra vágva

4-6 csésze vegyes bébi saláta

1. Helyezze a csirkéket egy nagy lábasba, és öntsön hideg vizet, hogy ellepje. Forraljuk fel a folyadékot, és főzzük 10 percig. Egy kanál segítségével lefölözzük és kidobjuk a felszínre emelkedő habot.

2. Adjunk hozzá sárgarépát, zellert, hagymát, petrezselymet és sót ízlés szerint. Közepes-alacsony lángon főzzük, amíg a csirke megpuhul, és a leve kitisztul, körülbelül 45 percig.

3. Közben, ha szükséges, megpirítjuk a paprikát. Ha megsült a csirke, vegyük ki az edényből. Tartsa le a húslevest egy másik felhasználásra.

4. Hagyja a csirkét lecsepegtetni és kihűlni. Távolítsa el a húst. Vágja fel a húst 2 hüvelykes darabokra, és tegye egy tálba a sült paprikával.

5. Egy közepes tálban keverjük össze a szósz hozzávalóit. A szósz felét a csirkére és a paprikára öntjük, és jól összekeverjük. Fedjük le és hűtsük le a hűtőszekrényben legfeljebb 2 órán keresztül.

6. Közvetlenül tálalás előtt a csirkét meglocsoljuk a maradék szósszal. Kóstoljuk meg és állítsuk be a fűszerezést, ha szükséges, adjunk hozzá még ecetet. A zöldeket tálalótálra rendezzük. A tetejére csirkét és paprikát teszünk. Azonnal tálaljuk.

Piemonti csirke saláta

Insalata di Pollo Piemontese

6 adagot készít

A piemonti régióban az éttermi étkezések általában egy hosszú antipasto-val kezdődnek. Így kóstoltam először ezt a salátát a Belvédère-ben, a régió klasszikus éttermében. Tavasszal vagy nyáron szívesen tálalom főételként ebédre.

Gyors étkezéshez készítse ezt a salátát buggyantott csirke helyett bolti rotisserie csirkével. Pulykasült is jó lenne.

1 csirke (3 1/2-4 font)

2 sárgarépa

2 tarja zeller

1 hagyma

Néhány ág petrezselyem

Só

6 szem fekete bors

8 uncia fehér gomba, vékonyra szeletelve

2 zeller tarja, vékonyra szeletelve

¼ csésze olívaolaj

1 doboz (2 uncia) szardellafilé, lecsepegtetve és apróra vágva

1 teáskanál dijoni mustár

2 evőkanál frissen facsart citromlé

Só és frissen őrölt fekete bors

Körülbelül 6 csésze saláta zöldje, falatnyi darabokra tépve

Egy kis darab Parmigiano-Reggiano

1. Helyezze a csirkét egy nagy serpenyőbe, és öntsön hideg vizet, hogy ellepje. Forraljuk fel a folyadékot, és főzzük 10 percig. Egy nagy kanállal leszedjük a felszínre emelkedő habot.

2. Adjunk hozzá sárgarépát, zellert, hagymát, petrezselymet és sót ízlés szerint. Közepes-alacsony lángon főzzük, amíg a csirke megpuhul, és a leve kitisztul, körülbelül 45 percig. Vegye ki a csirkét az edényből. Tartsa le a húslevest egy másik felhasználásra.

3. Hagyja a csirkét lecsepegtetni és kissé lehűlni. Távolítsa el a húst a bőrről és a csontokról. Vágja a húst 2 hüvelykes szeletekre.

4. Egy nagy tálban keverjük össze a csirkedarabokat, a gombát és a vékonyra szeletelt zellert.

5. Egy közepes tálban keverje össze az olajat, a szardellat, a mustárt, a citromlevet, a sót és a borsot ízlés szerint. A csirkemeveréket összekeverjük az öntettel. Egy tálra terítjük a salátaleveleket, és rátesszük a csirkemeveréket.

6. Forgópengéjű zöldséghámozó segítségével reszelje le a Parmigiano-Reggiano-t a salátára. Azonnal tálaljuk.

Hengerelt töltött pulykamell

Tacchino Rollata

6 adagot készít

Pulykamell feleket könnyű megtalálni a legtöbb szupermarketben. Ebben az Emilia-Romagna-féle ételben a pulykamell kicsontozása és lelapolása után a húst feltekerjük és a bőrrel rákenve megsütjük, hogy nedves maradjon. A sülteket melegen vagy hidegen tálaljuk. Jó szendvics is lehet belőle citromos majonézzel tálalva.

½ pulykamell (kb. 2½ font)

1 gerezd fokhagyma, finomra vágva

1 evőkanál apróra vágott friss rozmaring

Só és frissen őrölt fekete bors

2 uncia importált olasz prosciutto, vékonyra szeletelve

2 evőkanál olívaolaj

1. Helyezzen egy rácsot a sütő közepére. Melegítse elő a sütőt 350 °F-ra. Egy kis serpenyőt kiolajozunk.

2. Éles késsel távolítsa el a pulyka bőrét egy darabban. Tedd félre. Vágja le a pulykamellet a csontról. Helyezze a csont nélküli mell oldalával felfelé egy vágódeszkára. Az egyik hosszú oldaltól kezdve vágja félbe a pulykamellet hosszában, a másik hosszú oldala mellett. Nyisd ki a pulykamellet, mint egy könyvet. A pulykát húskalapáccsal körülbelül 1/2 hüvelyk vastagságúra ütjük.

3. Megszórjuk a pulykát fokhagymával, rozmaringgal, ízlés szerint sózzuk, borsozzuk. Helyezze a prosciuttót a tetejére. A húst az egyik hosszú oldalától kezdve hengerré tekerjük. A pulyka bőrét rákenjük a tekercsre. Kösse össze a tekercset konyhai zsineggel 2 hüvelykes távolságban. Helyezze a tekercset a varrás oldalával lefelé az előkészített serpenyőbe. Meglocsoljuk olajjal és megszórjuk sóval, borssal.

4. Süssük a pulykát 50-60 percig, vagy amíg a hús belső hőmérséklete el nem éri a 155 °F-ot egy azonnali leolvasható hőmérőn. Szeletelés előtt 15 percig pihentetjük. Forrón vagy szobahőmérsékleten tálaljuk.

Buggyantott pulykafasírt

Polpettone, Tacchino

6 adagot készít

Olaszországban a pulykát gyakran darabokra vágják vagy darálják, nem pedig egészben sütik. Ez a piemonti kenyér buggyantott, ami inkább pástétomszerű textúrát ad neki.

Ez a kenyér melegen és hidegen is jó. TálaljukZöld szósz, vagy friss paradicsomszósz.

4 vagy 5 szelet olasz kenyér, a kéreg eltávolítása és darabokra tépve (kb. 1 csésze)

½ csésze tej

2 evőkanál apróra vágott friss lapos petrezselyem

1 nagy gerezd fokhagyma

4 uncia pancetta, apróra vágva

½ csésze frissen reszelt Parmigiano-Reggiano

Só és frissen őrölt fekete bors

1 kiló őrölt pulyka

2 nagy tojás

¼ csésze pisztácia, meghámozva és durvára vágva

1. Áztassa a kenyeret hideg tejben 5 percig, vagy amíg megpuhul. Óvatosan nyomja össze a kenyeret, és helyezze egy acélpengéjű robotgépbe. Dobja ki a tejet.

2. Adjunk hozzá petrezselymet, fokhagymát, pancettát, sajtot, sót és borsot ízlés szerint. Addig dolgozzuk, amíg finomra nem vágjuk. Adjuk hozzá a pulykát és a tojást, és keverjük simára. Lapát segítségével beledolgozzuk a pisztáciát.

3. Helyezzen egy 14 × 12 hüvelykes nedves sajtkendőt egy sima felületre. A pulykakeveréket 8 × 3 hüvelykes cipóvá formázzuk, és középre helyezzük az anyagon. Tekerje körbe az anyagot a pulyka köré, teljesen bezárva. Konyhai zsineg segítségével kösse meg a kenyeret 2 hüvelykes távolságban, mintha sültet kötne.

4. Töltsön meg egy nagy serpenyőt 3 liter hideg vízzel. Forraljuk fel a folyadékot.

5. Adja hozzá a kenyeret és a buggyant, részben lefedve, 45 percig, vagy amíg a lé ki nem ürül, amikor a kenyeret villával megszúrja.

6. Vegye ki a kenyeret a folyadékból, és hagyja hűlni 10 percig. Kicsomagoljuk és szeletekre vágjuk a tálaláshoz.

Pulykatekercs vörösboros paradicsomszósszal

Rollatini Salsa Rosa al Vinóban

4 adagot készít

Amikor először férjhez mentem, egy szomszédom adta nekem ezt a receptet a családjának szülővárosából, Pugliából. Az évek során bütykölgettem, és bár borjúszeleteket használt, én inkább pulykával készítem. A tekercseket előre elkészíthetjük és hűtőszekrényben tárolhatjuk. Egy-két nap múlva szépen felmelegítenek.

4 uncia darált borjúhús vagy pulyka

2 uncia pancetta, apróra vágva

1/4 csésze apróra vágott friss lapos petrezselyem

1 kis gerezd fokhagyma, finomra vágva

1/4 csésze sima száraz zsemlemorzsa

Só és frissen őrölt fekete bors

1 1/4 font vékonyra szeletelt pulykaszelet, 12 darabra vágva

2 evőkanál olívaolaj

½ csésze száraz vörösbor

2 csésze hámozott, kimagozott és apróra vágott friss paradicsom vagy lecsepegtetett és apróra vágott konzerv paradicsom

Csipet őrölt pirospaprika

1. Egy nagy tálban keverje össze a borjúhúst, a pancettát, a petrezselymet, a fokhagymát, a zsemlemorzsát, a sót és a borsot ízlés szerint. Formázz a keverékből 12 kis, körülbelül 3 hüvelyk hosszú kolbászformát. Helyezzen egy kolbászt a pulykaszelet végére. Tekerjük fel a húst, hogy a kolbászt befedje. Fogpiszkáló segítségével rögzítse a tekercset középen zárva, párhuzamosan a tekerccsel. Ismételje meg a maradék kolbászokkal és szeletekkel.

2. Egy közepes serpenyőben közepes lángon hevítsük fel az olívaolajat. Hozzáadjuk a tekercseket, és minden oldalukat megpirítjuk, körülbelül 10 percig. Adjuk hozzá a bort és forraljuk fel. 1 percig főzzük, megforgatjuk a tekercseket.

3. Adjuk hozzá a paradicsomot, ízlés szerint sót és egy csipet törött pirospaprikát. Csökkentse a hőt minimálisra. Részben fedje le a serpenyőt. 20 percig főzzük, szükség szerint kevés meleg vizet adva hozzá, nehogy túlságosan kiszáradjon a szósz, vagy amíg villával megszúrva megpuhulnak a tekercsek.

4. Tegye át a tekercseket egy tálra. Távolítsuk el a fogpiszkálókat, és öntsük rá a szószt. Forrón tálaljuk.

Kacsamell édes-savanyú fügével

Petto di Anatra és Agrodolce di Fichi

4 adagot készít

Ez a modern piemonti recept a fügével és balzsamecettel párolt kacsamellekhez tökéletes egy különleges vacsorához. A kacsamell akkor a legjobb, ha tökéletesen megsült, és a legvastagabb része még rózsaszín. Vajas spenóttal és burgonya gratinnal tálaljuk.

2 csont nélküli kacsamell (egyenként kb. 2 kiló)

Só és frissen őrölt fekete bors

8 friss, érett zöld vagy fekete füge, vagy szárított füge

1 evőkanál cukor

¼ csésze érlelt balzsamecet

1 evőkanál sótlan vaj

1 evőkanál apróra vágott friss lapos petrezselyem

1. Főzés előtt 30 perccel vegyük ki a kacsamellet a hűtőből. Öblítse le a kacsamelleket és szárítsa meg. Vágjon 2 vagy 3 átlós vágást a

kacsamell bőrébe anélkül, hogy átszúrná a húsát. Bőségesen megszórjuk sóval, borssal.

2. Közben a friss fügét félbe vagy negyedekre vágjuk, ha nagyok. Ha szárított fügét használ, áztassa meleg vízbe 15-30 percig, amíg megpuhul. Lecsepegtetjük, majd negyedekre vágjuk.

3. Helyezzen egy rácsot a sütő közepére. Melegítse elő a sütőt 350 °F-ra. Készítsen elő egy kis tepsit.

4. Melegíts fel egy nagy tapadásmentes serpenyőt közepesen magas lángon. Hozzáadjuk a kacsamelleket, bőrös felével lefelé. A kacsát 4-5 percig főzzük megfordítás nélkül, amíg a bőrös oldalán szépen megpirul.

5. A tepsit megkenjük egy kevés kacsazsírral a tepsiből. Tegye a kacsamelleket bőrös felével lefelé a serpenyőbe, és süsse 5-6 percig, vagy amíg a legvastagabb részre vágva a hús rózsaszínes rózsaszínű lesz.

6. Amíg a kacsa a sütőben van, távolítsa el a zsírt a serpenyőről, de ne törölje le. Adjuk hozzá a fügét, a cukrot és a balzsamecetet. Főzzük a serpenyőt forgatva, amíg a folyadék kissé besűrűsödik, körülbelül 2 percig. Levesszük a tűzről, és belekeverjük a vajat.

7. Ha megsült, a kacsamelleket vágódeszkára helyezzük. Vágja a melleket 3/4 hüvelykes átlós szeletekre. Rendezzük a szeleteket 4 meleg tálalótányérra. A tetejére fügeszósszal. Megszórjuk petrezselyemmel és azonnal tálaljuk.

Sült kacsa fűszerekkel

Anatra allo Spezie

2-4 adagot tesz ki

Piemontban a vadkacsákat vörösborral, ecettel és fűszerekkel párolják. Mivel az Egyesült Államokban kapható pekingi házi kacsa nagyon zsíros, ezt a receptet a sütéshez alakítottam át. Egy kacsán nincs sok hús, ezért számítson arra, hogy csak két nagy vagy négy kis adagot kapjon. A baromfiolló nagy segítséget nyújt a kacsa tálaló darabokra vágásához.

1 kacsa (kb. 5 font)

2 gerezd fokhagyma, apróra vágva

2 közepes hagyma, vékonyra szeletelve

1 evőkanál apróra vágott friss rozmaring

3 egész szegfűszeg

½ teáskanál őrölt fahéj

¼ csésze száraz vörösbor

2 evőkanál vörösborecet

1. Villával szurkáljuk meg a bőrt mindenhol, hogy a zsír kiszabaduljon a főzés során. Ügyeljen arra, hogy csak a bőr felszínét szúrja meg, és kerülje a hús perforálását.

2. Egy közepes tálban keverje össze a fokhagymát, a hagymát, a rozmaringot, a szegfűszeget és a fahéjat. Osszuk el a keverék körülbelül egyharmadát egy közepes serpenyőben. Helyezze a kacsát a serpenyőbe, és töltse bele a keverék egy részét. A maradék keveréket a kacsa tetejére halmozzuk. Lefedjük és egy éjszakára hűtőbe tesszük.

3. Helyezzen egy rácsot a sütő közepére. Melegítse elő a sütőt 325 °F-ra. A kacsa pác hozzávalóit belekaparjuk a serpenyőbe. Süssük a kacsát mellfelével lefelé 30 percig.

4. A kacsamell felével felfelé fordítjuk, és felöntjük a borral és az ecettel. 1 órán át sütjük, 15 percenként meglocsoljuk a serpenyőből származó folyadékkal. Növelje a sütő hőmérsékletét 400 °F-ra. Süssük még 30 percig, vagy amíg a kacsa szépen megpirul, és a comb hőmérséklete el nem éri a 175°F-ot egy azonnali leolvasású hőmérőn.

5. Tegye át a kacsát egy vágódeszkára. Fóliával letakarjuk és 15 percig pihentetjük. A főzőlevet leszűrjük és egy kanál

segítségével zsírtalanítjuk. Ha szükséges, melegítse fel a főzőlevet.

6. A kacsát darabokra vágjuk, és a levével együtt forrón tálaljuk.

Serpenyőben sült fürj vargányával

Quaglie a Tegame-ban Funghi Porcinivel

4-8 adagot tesz ki

A Friuli Venezia Giulia állambeli Buttrióban a férjemmel az 1920-as évek óta működő Trattoria Al Parco étteremben étkeztünk. Az étterem szíve a fogolar, egy hatalmas nyitott kandalló, amely a környék otthonaira jellemző. A friuliak gyakran mesélnek szeretettel gyermekkori emlékeiket a fogolar körül eltöltött éjszakákról, főztek és meséltek. Az Al Parco fogolar minden este megvilágítva húsok és gombák grillezésére szolgál. Azon az éjszakán, amikor ott voltunk, a kismadarak gazdag gombaszószban voltak a különlegesség.

1 uncia szárított vargánya (kb. 3/4 csésze)

2 csésze forró víz

8 fürj, a jobb szélen látható módon elkészítve

8 zsályalevél

4 szelet pancetta

Só és frissen őrölt fekete bors

2 evőkanál sótlan vaj

1 evőkanál olívaolaj

1 kis hagyma, apróra vágva

1 sárgarépa, apróra vágva

1 borda zsenge zeller, finomra vágva

½ csésze száraz fehérbor

2 teáskanál paradicsompüré

1. Áztassa a gombát vízben legalább 30 percig. Vegyük ki a gombát a vízből, a folyadékot tartsuk le. Öblítse le a gombát hideg folyóvíz alatt, különös figyelmet fordítva a szárvégekre, ahol felhalmozódik a talaj. Szűrjük le a fenntartott gomba folyadékot egy szövettörülközőn vagy papír kávészűrőn keresztül egy tálba. A gombát durvára vágjuk. Félretesz.

2. Öblítse le a fürjeket kívül-belül, majd szárítsa meg alaposan. Vigyázzon, hogy nincsenek-e tűtollak, és távolítsa el őket. Helyezzen bele egy darab pancettát, egy zsályalevelet és egy csipet sót és borsot.

3. Egy nagy serpenyőben közepes lángon hevítsük fel a vajat és az olajat. Hozzáadjuk a fürjeket, és időnként megforgatva kb 15 perc alatt minden oldalról szép barnára sütjük. Tegye át a fürjet

egy tányérra. Adja hozzá a hagymát, a sárgarépát és a zellert a serpenyőbe. Főzzük gyakran kevergetve 5 percig, vagy amíg megpuhul.

4. Adjuk hozzá a bort és pároljuk 1 percig. Hozzákeverjük a gombát, a paradicsompürét és a gombás folyadékot. Tegye vissza a fürjet a serpenyőbe. Sózzuk, borsozzuk.

5. Forraljuk fel a folyadékot. Csökkentse a hőt alacsonyra. Fedjük le és főzzük, időnként megforgatjuk és megpásztázzuk a fürjeket, körülbelül 1 órán át, vagy amíg a madarak nagyon megpuhulnak, amikor villával megszúrjuk.

6. Ha túl sok folyadék van a serpenyőben, tegyük ki a fürjeket egy tálba, és takarjuk le alufóliával, hogy melegen tartsuk. Növelje a hőt, és forralja fel a folyadékot, amíg csökken. A szószt a fürjekre öntjük, és azonnal tálaljuk.

Grillezett fürj

Qualie alla Griglia

2-4 fő részére

Az orvietói La Badia étterem fatüzelésű rostélyon sült húsokra specializálódott. A kolbászok, a kis madarak és a nagy sültek lassan megforgatják a lángokat, és megtöltik az éttermet csábító illatokkal. Ezeket a grillen vagy grillen főzött fürjeket azok ihlették, amelyeket Umbriában ettem. A madarak kívül ropogósnak, belül lédúsnak bizonyulnak.

4 fürj, felengedve, ha fagyott

1 nagy gerezd fokhagyma, finomra vágva

1 evőkanál friss rozmaring, apróra vágva

¼ csésze olívaolaj

Só és frissen őrölt fekete bors

1 citrom negyedekre vágva

1. Öblítse le a fürjeket kívül-belül, majd szárítsa meg alaposan. Vigyázzon, hogy nincsenek-e tűtollak, és távolítsa el őket. Baromfivágó ollóval vágja ketté a fürjet a hátán és a

szegycsontján keresztül. Óvatosan verje meg a fürjfeleket egy hús- vagy gumikalapáccsal, hogy kissé ellapuljon.

2. Egy nagy tálban keverje össze a fokhagymát, a rozmaringot, az olajat, a sót és a borsot ízlés szerint. Adjuk hozzá a fürjet a tálhoz, keverjük, hogy jól bevonják. Fedjük le és tegyük hűtőbe 1 órára akár egy éjszakára.

3. Helyezzen egy grillezőt vagy grillrácsot körülbelül 5 hüvelykre a hőforrástól. A grillt vagy a brojlert előmelegítjük.

4. A fürj feleket grillezzük vagy süssük szép barnulásig mindkét oldalukon, körülbelül 10 perc alatt. Forrón, citromkarikákkal tálaljuk.

Fürj paradicsommal és rozmaringgal

Quaglie a salsában

4-8 adagot tesz ki

A dél-olaszországi Adriai-tenger partján fekvő Molise az ország egyik kevésbé ismert régiója. Nagyrészt mezőgazdasági jellegű, kevés turisztikai lehetőséggel, és az 1960-as évekig valójában Abruzzo és Molise egyesített régiójának része volt. A férjemmel azért mentünk oda, hogy meglátogassuk a Majo di Norante pincészetet és agriturismo-t (egy működő farm vagy pincészet, amely fogadóként is működik), és a régió legjobb borait állítják elő.

A Campobasso-i Vecchia Trattoria da Tonino-ban rozmaringgal ízesített, könnyű paradicsomszószban elkészített fürjet ettünk. Próbáld ki egy Majo di Norante borral, például egy Sangiovese-vel.

1 kisebb hagyma, apróra vágva

2 uncia pancetta, apróra vágva

2 evőkanál olívaolaj

8 fagyasztott fürj frissen vagy felengedve

1 evőkanál apróra vágott friss rozmaring

Só és frissen őrölt fekete bors

3 evőkanál paradicsompüré

1 csésze száraz fehérbor

1. Egy nagy serpenyőben, szorosan záródó fedővel, olívaolajon közepes lángon főzzük a hagymát és a pancettát, amíg a hagyma aranybarna nem lesz, körülbelül 10 perc alatt. Nyomja a hozzávalókat a serpenyő oldalára.

2. Öblítse le a fürjeket kívül-belül, majd szárítsa meg alaposan. Vigyázzon, hogy nincsenek-e tűtollak, és távolítsa el őket. Adja hozzá a fürjeket a serpenyőbe, és süsse meg minden oldalukon kb. 15 percig. Megszórjuk rozmaringgal, ízlés szerint sózzuk, borsozzuk.

3. Egy kis tálban keverjük össze a paradicsompürét és a bort. Öntsük a keveréket a fürjekre, és jól keverjük össze. Csökkentse a hőt minimálisra. Fedjük le, és főzzük, időnként megforgatva a fürjeket, körülbelül 50 percig, vagy amíg villával megszúrjuk nagyon puhára. Forrón tálaljuk.

Párolt fürj

Quaglie Stufate

4 adagot készít

Gianni Cosetti a Friuli Venezia Giulia hegyvidéki Carnia régiójában található Tolmezzo roma étterem séfje és tulajdonosa. Híres a hagyományos receptek és a helyi alapanyagok modern értelmezéseiről. Amikor ott ettem, elmesélte, hogy ezt a receptet hagyományosan becaccsal, kisvadmadarakkal készítik, amelyekre akkor vadásztak, amikor az éves vándorlásuk során áthaladtak a régión. Manapság Gianni csak friss vadmadarakat használ, és pancetta kabátba csomagolja őket, hogy nedvesek és puhaak maradjanak főzés közben. Azt ajánlja, hogy schioppetino-val, egy friuli vörösborral tálalják.

8 fürj

16 borókabogyó

Körülbelül 16 friss zsályalevél

4 gerezd fokhagyma, vékonyra szeletelve

Só és frissen őrölt fekete bors

8 vékony szelet pancetta

2 evőkanál sótlan vaj

2 evőkanál olívaolaj

1 csésze száraz fehérbor

1. Öblítse le a fürjeket kívül-belül, majd szárítsa meg alaposan. Vigyázzon, hogy nincsenek-e tűtollak, és távolítsa el őket. Töltsön meg minden fürjet 2 borókabogyóval, egy zsályalevéllel és néhány szelet fokhagymával. A madarakat megszórjuk sóval, borssal. Minden fürjre helyezzünk egy zsályalevelet. Tekerje ki a pancettát, és minden fürj köré tekerjen egy szeletet. Köss egy darab konyhai zsineget a pancetta köré, hogy a helyén maradjon.

2. Egy nagy serpenyőben, szorosan záródó fedővel, közepes lángon olvasszuk fel a vajat az olajjal. Adjuk hozzá a fürjeket, és pirítsuk meg a madarakat minden oldalról, körülbelül 15 perc alatt.

3. Adjuk hozzá a bort és forraljuk fel. Fedjük le a serpenyőt, csökkentsük a hőt, és főzzük, többször megforgatjuk és meglocsoljuk a fürjeket a folyadékkal, 45-50 percig, vagy amíg a fürj nagyon megpuhul. Adjunk hozzá egy kevés vizet, ha a serpenyő túl száraz lesz. Forrón tálaljuk.

Hús

Az olaszok sokkal változatosabb húsokat esznek, mint az amerikaiak. A sertés-, borjú- és bárányhús a legelterjedtebb, de az olaszok sok vadat is fogyasztanak, főleg őzhúst és vaddisznót. A kölyök vagy kecskebébi népszerű délen; íze nagyon hasonlít a bárányéhoz. Egyes régiókban, például Venetóban és Pugliában, lóhúst esznek, és egyszer Piemontban szamárpörkölttel kínáltak.

Olaszországban nincs sok nyitott, sík terület a nagyméretű legelő állatok, például szarvasmarhák számára, így nincs erős kulináris hagyománya a marhahús terén. Kivétel Toszkána és Umbria egyes részei, ahol a Chianina néven ismert szarvasmarhák széles skáláját tenyésztik. Ez a teljesen fehér fajta ízletes húsáról híres, különösen a bistecca fiorentina, egy vastag bélszín steak, amelyet faszén felett grilleznek, és a régióból származó, finom extra szűz olívaolajjal meglocsolva szolgálják fel.

A Chianina marhahústól és az olyan válogatott daraboktól eltekintve, mint a szűzpecsenye, Olaszországban a marhahús általában rágós. Pörkölve, párolva vagy párolva, párolva vagy őrölve a legjobb húsgombóc, kenyér vagy töltelék készítéséhez. A piemonti szakácsok büszkék a Barolo marhahúsra, egy nagy hússzeletre, amelyet a régió leghíresebb vörösborában pácolnak és lassan főznek. A nápolyiak kis marhasteakeket főznek alla pizzaiolában, a húst fokhagymával és oregánóval ízesített paradicsomszószban párolják. Szicíliában a marhahúsból nagy, vékony szeleteket töltenek, hengerelnek és úgy főznek, mint a farsumagru, azaz "álsovány" sültjét, mert egyszerű megjelenése magában rejti a tölteléket.

Olaszországban gyakrabban fogyasztanak borjúhúst, mint marhahúst, a fiatal, általában nyolc-tizenhat hetesnél fiatalabb hím borjak húsát. A legjobb a tejjel táplált, vagyis az állat olyan fiatal, hogy még soha nem evett füvet vagy állateledelt. A tejjel táplált borjúhús halvány rózsaszín színű és nagyon puha. Az idősebb gabonával etetett állatok borjúhúsa sötétebb vörös, illatosabb és rágósabb, bár nagyon finom is lehet.

A lédús kolbász, a puha sültek és a ropogós tarja csak néhány az Olaszországban fogyasztott, ízletes sertéshúskészítmények közül. Közép-Olaszország kedvenc látnivalója a porchetta teherautó, egy speciálisan felszerelt furgon, amelyben egy egész sült malac található, fokhagymával, édesköménnyel, fűszernövényekkel és fekete borssal fűszerezve. A kisteherautók vásárokon és piacokon találhatók, és az utak mentén, strandok és parkok közelében parkolhatnak. Mindenkinek megvan a kedvenc porchetta-forrása, és rendelhet néhány szeletet vacsorára vagy szendvicset, amelyet a helyszínen fogyaszthat el. Az ínyencek további akciót kérnek, vagyis nem csak a sót, hanem a húst ízesítő teljes fűszerkeveréket.

Amikor az abruzzói Majo di Norante pincészetben jártunk, kint, fatüzelésű kemencében sült sült malacot lakmároztunk. A bőr ropogós és aranysárga volt, a malacot citrommal a szájában, a nyakában rozmaringgallyakból álló koszorúval tálalták.

Friuli Venezia Giuliában a Ristorante Blasutban ettünk, ahol a tulajdonos mindent elmesélt az éves maialatájáról. Az egész nyáron és ősszel hízott disznókat levágják, és egy napos fesztivál következik. A rendezvényre januárban kerül sor, amikor hideg az idő, így kisebb a szennyeződés veszélye. Minden darab sertéshúst felhasználnak. Valójában sok ízletes olasz pácolt hús, köztük a prosciutto, a pancetta, a salame és a mortadella, a hús tartósításának és a maradék felhasználásának módjaként fejlődött ki.

Amikor az emberek azt kérdezik tőlem, hogy Olaszországban miért olyan más az étel, mint az itt készített ételek, mindig a sertéshús jut eszembe. Olaszországban a hús lédús és tele ízzel, mert zsíros, de az Egyesült Államokban a sertéshúst nagyon-nagyon alacsony zsírtartalmúra nevelték. A zsírtartalom csökkentésével a hús íztelenül is szenved, és nagyon nehéz megfőzni anélkül, hogy száraz és kemény lesz.

Olaszországban a bárány még mindig többnyire szezonális étel, amelyet tavasszal fogyasztanak, amikor a bárányok nagyon fiatalok és a hús rendkívül puha. Az olaszok a bárányt a tél végével és a húsvéttal járó újjászületéssel és megújulással társítják. Az ünnepek megünneplésének elengedhetetlen része.

Olaszország bárányainak nagy részét a középső és déli régiókban tenyésztik, mivel az ottani terület dombos és sziklás, jobban alkalmas juhok legeltetésére, mint szarvasmarhákra. Ha ellátogat Toszkánába, Umbriába, Abruzzóba és Marchéba, birkanyájakat fog látni a domboldalakon legelészőn. Távolról úgy néznek ki, mint a füvön szétszórt bolyhos fehér vattagolyók. Ősszel a juhokat dél és Puglia felé terelik. Tavasszal visszatérnek Közép-Olaszországba a trasumanza nevű, éves rítusban. Így az állatok az év különböző szakaszaiban táplálkozhatnak az ezeken a területeken termő természetes füvekkel és gyógynövényekkel.

Sok ilyen juhot a tejért nevelnek, Közép- és Dél-Olaszországban pedig a juhtejből készült sajtok széles választékát állítják elő. A kecskéket mind a tejért, mind a húsért nevelik, és sok olyan recept létezik, amelyhez kölyök kell. A bárány és a kölyök íze és állaga nagyon hasonló, és ezekben a receptekben bármelyik használható.

A nyúl népszerű hús Olaszországban, és minden régióban talál recepteket az elkészítéséhez. Azt hiszem, népszerűbb, mint a csirke, és minden bizonnyal kedveltebb. A nyúlhús enyhe ízű, és sokféle elkészítésre alkalmas.

A szupermarket húsának minősége nagyon eltérő. Gyakran csak korlátozott számú hús áll rendelkezésre. Próbáljon meg egy hozzáértő hentest, aki felvágja a húst az Ön igényei szerint, és tanácsot ad a célnak megfelelő hússzelet kiválasztásában.

Ha hazaviszi a húst, tárolja a hűtőszekrényben, és lehetőleg 24-48 órán belül főzze meg. Hosszabb tároláshoz a húst jól becsomagoljuk és lefagyasztjuk. A fagyasztott húsokat egy éjszakán át a hűtőben kiolvasztjuk.

Öblítse le és szárítsa meg a húst papírtörlővel közvetlenül a főzés előtt. A hús felületén lévő nedvesség gátolja a barnulást, és gőzt képez, amely megkeményítheti a húst.

Grillezett firenzei steak

Bistecca Fiorentina

6-8 adagot tesz ki

Olaszország legjobb minőségű marhahúsa a Chianina néven ismert nagy fehér szarvasmarhafajtából származik. Ez a fajta, amely a toszkánai Chiana-völgyről kapta a nevét, a házi szarvasmarha egyik legrégebbi típusának számít. Eredetileg igásállatként nevelték őket, és nagyon nagyra és engedelmesre tenyésztették őket. Mivel a gépek átvették a hatalmat a modern farmokon, a chianinai szarvasmarhákat most a kiváló minőségű húsuk miatt nevelik.

A porterhouse steakeket, amelyek a rövid karaj és a filézett mignon keresztmetszete, amelyet T-alakú csont választ el, Chianina marhahúsból vágják ki, és így főzik Toszkánában. Bár a Chianina marhahús nem kapható az Egyesült Államokban, ezzel a recepttel továbbra is finom steakeket készíthet. Vásárolja meg a lehető legjobb minőségű húst.

2 bélszín steak, 1 1/2 hüvelyk vastag (egyenként kb. 2 font)

Só és frissen őrölt fekete bors

extra szűz olívaolaj

citromszeletek

1. Helyezzen egy grillezőt vagy grillrácsot körülbelül 4 hüvelykre a hőforrástól. A grillt vagy a brojlert előmelegítjük.

2. A steakeket megszórjuk sóval és borssal. Süsse vagy süsse a húst 4-5 percig. Forgassuk meg a húst csipesszel, és süssük tovább körülbelül 4 percig ritka, vagy 5-6 percig közepesen ritka, a steak vastagságától függően. Az elkészültség ellenőrzéséhez készítsen egy kis bemetszést a legvastagabb részen. Hosszabb sütéshez helyezze a steakeket a grill hűvösebb részébe.

3. Hagyja pihenni a steakeket 5 percig, mielőtt keresztben vékony szeletekre vágná őket. Megszórjuk még sóval, borssal. Meglocsoljuk olajjal. Forrón, citromkarikákkal tálaljuk.

Steak balzsammázzal

Bistecca al Balsamico

6 adagot készít

A sovány, kicsontozott oldalszelet nagyszerű ízű, ha balzsamecetben és olívaolajban fürdetik grillezés vagy grillezés előtt. A balzsamecet természetes cukrokat tartalmaz. Így ha grillezés, sütés vagy grillezés előtt rákenjük a húsra, szép barna kéreg alakul ki, amely bezárja a húslevet, és enyhe ízt ad. Használja a legjobb balzsamecetet, amit csak találhat.

2 evőkanál extra szűz olívaolaj, plusz még a csepegtetéshez

2 evőkanál balzsamecet

1 gerezd fokhagyma, finomra vágva

1 oldalsó steak, körülbelül 1 1/2 font

Só és frissen őrölt fekete bors

1. Egy sekély edényben, amely éppen akkora, hogy elférjen a steak, keverje össze az olajat, az ecetet és a fokhagymát. Adjuk hozzá a steaket, és fordítsuk meg, hogy bevonja a pácot. Fedjük le és

tegyük hűtőbe legfeljebb 1 órára, időnként megfordítjuk a steaket.

2. Helyezzen egy grillezőt vagy grillrácsot körülbelül 4 hüvelykre a hőforrástól. A grillt vagy a brojlert előmelegítjük. Vegye ki a steaket a pácból, és szárítsa meg. Süsse vagy süsse a steaket 3-4 percig. Forgassuk meg a húst csipesszel, és süssük tovább körülbelül 3 percig ritka vagy 4 percig közepesen ritka, a steak vastagságától függően. Az elkészültség ellenőrzéséhez készítsen egy kis bemetszést a legvastagabb részen. Hosszabb sütéshez helyezze a steaket a grill hűvösebb részére.

3. A steaket megszórjuk sóval és borssal. Hagyja pihenni 5 percig, mielőtt a húst a szemekkel szemben vékony szeletekre vágja. Meglocsoljuk egy kevés extra szűz olívaolajjal.

Shell steak medvehagymával, pancettával és vörösborral

Bistecca al Vino Rosso

4 adagot készít

A puha héjú steakeket pancetta, mogyoróhagyma és vörösbor ízei fokozzák.

2 evőkanál sótlan vaj

1 vastag szelet pancetta (körülbelül 1 uncia), apróra vágva

2 csont nélküli héjas steak, körülbelül 1 hüvelyk vastag

Só és frissen őrölt fekete bors

¼ csésze apróra vágott medvehagyma

½ csésze száraz vörösbor

½ csésze házilagHúslevesvagy bolti marhahúsleves

2 evőkanál balzsamecet

1. Melegítsük elő a sütőt 200°F-ra. Egy nagy serpenyőben közepes lángon felolvasztunk 1 evőkanál vajat. Adjuk hozzá a pancettát.

Főzzük, amíg a pancetta aranybarna nem lesz, körülbelül 5 percig. Egy lyukas kanál segítségével vegyük ki a pancettát, és csepegtessük le a zsírt.

2.Szárítsa meg a steakeket. Olvasszuk fel a maradék evőkanál vajat ugyanabban a serpenyőben közepes lángon. Amikor a vajhab alábbhagy, tegyük a steakeket a serpenyőbe, és süssük szép barnulásig 4-5 percig. Sózzuk, borsozzuk. Fordítsa meg a húst csipesszel, és süsse 4 percig a másik oldalán a ritka sütéshez, vagy 5-6 percig közepesen ritka sütéshez. Az elkészültség ellenőrzéséhez készítsen egy kis bemetszést a legvastagabb részen. Tedd át a steakeket egy hőálló tányérra, és tartsd melegen a sütőben.

3.Adjuk hozzá a medvehagymát a serpenyőbe, és kevergetve főzzük 1 percig. Adjuk hozzá a bort, a húslevest és a balzsamecetet. Forraljuk fel, és főzzük, amíg a folyadék sűrű és szirupos nem lesz, körülbelül 3 percig.

4.Adjuk hozzá a pancettát a főzőléhez. Öntsük a szószt a steakekre, és azonnal tálaljuk.

Szeletelt steak rukkolával

Straccetti di Manzo

4 adagot készít

A Straccetti jelentése "kis rongyok", amelyekre ezek a keskeny húscsíkok hasonlítanak. Az étel elkészítése előtt tegye a marhahúst a fagyasztóba, amíg elég kemény lesz ahhoz, hogy vékonyra szeletelje. Készítse elő az összes hozzávalót, de a salátát csak közvetlenül a hús elkészítése előtt készítse el.

2 csokor rukkola

4 evőkanál extra szűz olívaolaj

1 evőkanál balzsamecet

1 evőkanál apróra vágott medvehagyma

Só és frissen őrölt fekete bors

1 1/4 font sovány csont nélküli hátszín vagy más puha steak

1 teáskanál apróra vágott friss rozmaring

1. Vágja fel a rukkolát, dobja el a sérült szárát és leveleit. Mossa meg őket többszöri hideg vízben. Nagyon jól szárad. A rukkolát tépjük falatnyi darabokra.

2. Egy nagy tálban keverjünk el 2 evőkanál olajat, ecetet, medvehagymát, és ízlés szerint sózzuk, borsozzuk.

3. Éles késsel keresztben nagyon vékony szeletekre vágjuk a steaket. Melegíts fel egy nagy, nehéz alapú serpenyőt közepes lángon. Amikor nagyon forró, adjuk hozzá a maradék 2 evőkanál olívaolajat. Helyezze a marhahússzeleteket a serpenyőbe egy rétegben, szükség esetén adagokban, és süsse barnulásig, körülbelül 2 percig. A húst csipesszel megfordítjuk és megszórjuk sóval, borssal. Főzzük, amíg nagyon enyhén megpirul, körülbelül 1 percig, ritkaságra.

4. Keverjük össze a rukkolát a vinaigrette-vel, és tegyük egy edényre. A marhahússzeleteket a rukkolára helyezzük, és megszórjuk rozmaringgal. Azonnal tálaljuk.

Filé mignon steak gorgonzolával

Manzo filé Gorgonzolával

4 adagot készít

A filé steakek enyhe ízűek, de ez a fényűző szósz bőséges karaktert kölcsönöz nekik. Kérje meg a hentest, hogy vágjon 1 1⁄4 hüvelyknél nem vastagabb steakeket az egyszerű főzés érdekében, és kössön össze minden steaket konyhai zsineggel, hogy megtartsa formájukat. A főzés megkezdése előtt minden hozzávalót mérj ki és sorba állíts, mert nagyon gyorsan megy.

4 marha szűzpecsenye, körülbelül 1 hüvelyk vastag

extra szűz olívaolaj

Só és frissen őrölt fekete bors

3 evőkanál sótlan vaj

1 kis medvehagyma, finomra vágva

1⁄4 csésze száraz fehérbor

1 evőkanál dijoni mustár

Körülbelül 4 uncia gorgonzola sajt, héját eltávolítjuk és darabokra vágjuk

1. Kenjük meg a steakeket olívaolajjal, és szórjuk meg sóval és borssal. Fedjük le és hűtsük le. Főzés előtt körülbelül 1 órával vegye ki a steakeket a hűtőszekrényből.

2. Melegítsük elő a sütőt 200°F-ra. Olvassz fel 2 evőkanál vajat egy nagy serpenyőben közepes lángon. Amikor a vajhab eltűnik, szárítsa meg a steakeket. Helyezze őket a serpenyőbe, és süsse, amíg szép barna nem lesz, 4-5 percig. Fordítsa meg a húst csipesszel, és süsse meg a másik oldalát is, ritka hús esetén 4 percig, közepesen ritka hús esetén 5-6 percig. Az elkészültség ellenőrzéséhez készítsen egy kis bemetszést a legvastagabb részen. Tedd át a steakeket egy hőálló tányérra, és tartsd melegen a sütőben.

3. Adjuk hozzá a medvehagymát a serpenyőbe, és kevergetve főzzük 1 percig. Adjuk hozzá a bort és a mustárt. Csökkentse a hőt, és adja hozzá a gorgonzolát. Keverje hozzá a steak körül összegyűlt levet. Levesszük a tűzről, és hozzákeverjük a maradék evőkanál vajat.

4. Öntsük a szószt a steakekre és tálaljuk.

Paradicsomszósszal töltött marhatekercs

Braciole Pomodoroban

4 adagot készít

A vékony szelet marhahús tökéletes a braciole (általában ejtsd: brazholl) ízes, lassan főtt kedvence. Keressen nagy marhaszeleteket sok kötőszövet nélkül, hogy jól megtartsa formájukat.

A braciole részeként főzhető <u>nápolyi ragù</u>. Egyes szakácsok kemény tojással töltik meg a braciole-t, míg mások mazsolát és fenyőmagot adnak az alaptöltelékhez.

4 vékony szelet kicsontozott marhahús kerek, körülbelül 1 kiló

3 gerezd fokhagyma, finomra vágva

2 evőkanál reszelt Pecorino Romano sajt

2 evőkanál apróra vágott friss lapos petrezselyem

Só és frissen őrölt fekete bors

2 evőkanál olívaolaj

1 pohár száraz vörösbor

2 csésze importált olasz paradicsomkonzerv a levével, élelmiszer-malmon keresztül

4 friss bazsalikom levél apróra tépve

1. Helyezze a marhahúst 2 darab műanyag fólia közé, és finoman verje meg egy húsleves vagy gumikalapács lapos oldalával 1/8 hüvelyk vastagságúra. Dobja el a felső műanyagdarabot.

2. A szószhoz tartalékoljunk 1 gerezd apróra vágott fokhagymát. A húst megszórjuk a maradék fokhagymával, sajttal, petrezselyemmel, ízlés szerint sózzuk, borsozzuk. Minden darabot feltekerünk, mint egy kolbászt, és kis sültként kössük össze pamut konyhai zsineggel.

3. Egy nagy lábasban felforrósítjuk az olajat. Adjuk hozzá a braciole-t. Főzzük, időnként megforgatva a húst, amíg minden oldala megpirul, körülbelül 10 percig. A maradék fokhagymát a hús köré terítjük, és 1 percig főzzük. Adjuk hozzá a bort és pároljuk 2 percig. Adjuk hozzá a paradicsomot és a bazsalikomot.

4. Fedjük le, és lassú tűzön főzzük, időnként megforgatva a húst, amíg villával megszúrva megpuhul, körülbelül 2 óra. Adjunk hozzá egy kevés vizet, ha a szósz túl sűrű lesz. Forrón tálaljuk.

Marhahús és sör

Bue karbonátja

6 adagot készít

Marhahús, sör és hagyma nyerő kombináció ebben az Alto Adige pörköltben. Hasonlít a francia marhahús-karbonnádhoz, a határon túl.

A kicsontozott marhahústokmány jó választás pörkölthöz. Épp elég márványozottsága ahhoz, hogy puha maradjon a hosszú főzési folyamat során.

4 evőkanál sótlan vaj

2 evőkanál olívaolaj

3 közepes hagyma (kb. 1 font), vékonyra szeletelve

3 kiló csont nélküli marhapörkölt, 1 1/2 hüvelykes darabokra vágva

1/2 csésze univerzális liszt

12 uncia sör, bármilyen típusú

2 csésze hámozott, kimagozott és apróra vágott friss paradicsom vagy konzerv paradicsompüré

Só és frissen őrölt fekete bors

1. Olvassz fel 2 evőkanál vajat 1 evőkanál olajjal egy nagy serpenyőben közepes-alacsony lángon. Adjuk hozzá a hagymát, és főzzük gyakran kevergetve, amíg a hagyma enyhén megpirul, körülbelül 20 percig.

2. Egy nagy holland sütőben vagy más nehéz, mély serpenyőben, szorosan záródó fedővel, közepes lángon olvasszuk fel a maradék vajat az olajjal. A marhahús felét megforgatjuk lisztben, és a felesleget lerázzuk. A darabokat minden oldalukon jól megsütjük, körülbelül 10 percig. Tegye át a húst egy tányérra. Ismételje meg a maradék hússal.

3. A rakott edényről leöntjük a zsírt. Hozzáadjuk a sört, és felforraljuk, az edény alját kaparva, hogy a megbarnult darabok összekeveredjenek a sörrel. 1 percig főzzük.

4. Helyezzen egy rácsot a sütő közepére. Melegítse elő a sütőt 375 °F-ra. Tegye vissza az összes húst a rakott edénybe. Adjuk hozzá a hagymát, paradicsomot, sózzuk, borsozzuk ízlés szerint. Forraljuk fel a folyadékot.

5. Fedjük le a serpenyőt, és időnként megkeverve főzzük 2 órán keresztül, vagy amíg a hús megpuhul, ha egy késsel megszúrjuk. Forrón tálaljuk.

Marha-hagymás ragu

Karbonád

6 adagot készít

Trentino-Alto Adige-ben ezt az előzőhöz hasonló nevű pörköltet vörösborral és fűszerekkel készítik. A szarvas vagy más vadhús néha helyettesíti a marhahúst. A puha, vajas polenta a klasszikus kísérője ennek a kiadós pörköltnek, de szeretem vele is. Tört karfiol.

3 evőkanál sótlan vaj

3 evőkanál olívaolaj

2 közepes hagyma, negyedelve és vékonyra szeletelve

½ csésze univerzális liszt

3 font csont nélküli marhahústokmány, 2 hüvelykes darabokra vágva

1 pohár száraz vörösbor

⅛ teáskanál őrölt fahéj

⅛ teáskanál őrölt szegfűszeg

⅛ teáskanál őrölt szerecsendió

1 csésze marhahúsleves

Só és frissen őrölt fekete bors

1. Egy nagy serpenyőben olvassz fel 1 evőkanál vajat 1 evőkanál olajjal közepes-alacsony lángon. Hozzáadjuk a hagymát, és időnként megkeverve nagyon puhára főzzük, körülbelül 15 perc alatt.

2. Egy nagy holland sütőben vagy más nehéz, mély serpenyőben, szorosan záródó fedővel, közepes lángon olvasszuk fel a maradék vajat az olajjal. A lisztet egy viaszos papírlapra kenjük. A húst a lisztbe forgatjuk, a felesleget lerázzuk róla. Csak annyi darabot tegyünk a serpenyőbe, hogy kényelmesen elférjenek, zsúfolódás nélkül. Amikor a hús megbarnul, tegyük át egy tányérra, majd a maradék húst is pirítsuk meg ugyanígy.

3. Amikor az összes hús megpirult és kiszedtük, adjuk hozzá a bort a serpenyőhöz, forraljuk fel, majd kaparjuk le az edény alját, hogy a megbarnult darabok összekeveredjenek a borral. 1 percig pároljuk.

4. Tegye vissza a húst a serpenyőbe. Adjuk hozzá a hagymát, a fűszereket és a húslevest. Sózzuk, borsozzuk. Forraljuk fel, és fedjük le a serpenyőt. Időnként megkeverve főzzük 3 órán át, vagy amíg a hús villával megszúrva nagyon puha nem lesz.

Adjunk hozzá egy kevés vizet, ha a folyadék túl sűrűvé válik. Forrón tálaljuk.

Borsos marhapörkölt

Peposo

6 adagot készít

A toszkánok borjú- vagy marha csülökkel készítik ezt a borsos pörköltet, de én szívesebben használok kicsontozott marhahúst. Giovanni Righi Parenti, a La Grande Cucina Toscana szerzője szerint, amikor a paprika egykor túl drága volt, a szakácsok addig mentették a szemes borsot a szalámi szeletektől, amíg elegendő volt a peposo elkészítéséhez.

Barátom, Marco Bartolini Baldelli, a Fattoria di Bagnolo pincészet tulajdonosa elmondta, hogy ez a pörkölt volt az egyik kedvenc Impruneta város toszkán téglagyárosainak kedvence, akik kemencéjükben főzték. Egy üveg Fattoria di Bagnolo Chianti Colli Fiorentini Riserva ideális kísérő lenne.

2 evőkanál olívaolaj

3 font marhahúst 2 hüvelykes darabokra vágva

Só és frissen őrölt fekete bors

2 gerezd fokhagyma, finomra vágva

2 csésze száraz vörösbor

11/2 csésze hámozott, kimagozott és apróra vágott paradicsom

1 teáskanál frissen őrölt fekete bors, vagy ízlés szerint

1. Egy nagy holland sütőben vagy más nehéz, mély fazékban, szorosan záródó fedővel, melegítsük fel az olajat közepes lángon. A marhahúst minden oldalról szárítsa meg és barnítsa meg, adagonként, anélkül, hogy a serpenyőt zsúfolná, adagonként körülbelül 10 percig. Sózzuk, borsozzuk. Tegye át a húst egy tányérra.

2. A fokhagymát a serpenyőben zsírba keverjük. Hozzáadjuk a vörösbort, ízlés szerint sózzuk, borsozzuk és a paradicsomot. Forraljuk fel, és tegyük vissza a húst a serpenyőbe. Annyi hideg vizet öntünk hozzá, hogy ellepje a húst. Fedjük le az edényt. Csökkentse a hőt alacsonyra, és időnként megkeverve főzzük 2 órán át.

3. Adjunk hozzá bort és főzzük még 1 órát, vagy amíg a marhahús nagyon puha nem lesz, ha villával megszúrjuk. Kóstolja meg és állítsa be a fűszerezést. Forrón tálaljuk.

Friuli marhapörkölt

Manzo a Squazetben

6 adagot készít

A csirke, a marha és a kacsa csak néhány a különböző húsfajták közül, amelyeket squazetben főznek, ami a Friuli-Venezia Giulia dialektusban „pörköltet" jelent.

½ csésze szárított vargánya

1 csésze langyos víz

¼ csésze olívaolaj

3 font marhahúst 2 hüvelykes darabokra vágva

2 nagy hagyma, apróra vágva

2 evőkanál paradicsompüré

1 pohár száraz vörösbor

2 babérlevél

Csipet őrölt szegfűszeg

Só és frissen őrölt fekete bors

2 házi készítésű pohár<u>Húsleves</u>vagy bolti marhahúsleves

1. Áztassa a gombát vízben 30 percig. Távolítsa el a gombát, és tartsa le a folyadékot. Öblítse le a gombát hideg folyó víz alatt, hogy eltávolítsa a szemcséket, különös figyelmet fordítva a szárvégekre, ahol felhalmozódik a talaj. A gombát durvára vágjuk. A gombás folyadékot papír kávészűrőn keresztül egy tálba szűrjük.

2. Egy nagy serpenyőben közepes lángon hevítsük fel az olajat. Szárítsa meg a marhahúst. Hozzáadjuk a marhahúst, és minden oldalát jól megpirítjuk, körülbelül 10 percig, miközben a darabokat egy tányérra tesszük, amint megbarnulnak.

3. Adjuk hozzá a hagymát a serpenyőbe, és főzzük, amíg megpuhul, körülbelül 5 percig. Adjuk hozzá a paradicsompürét. Adjuk hozzá a bort, és forraljuk fel a folyadékot.

4. Tegye vissza a húst a serpenyőbe. Adjuk hozzá a gombát és a folyadékot, a babérlevelet, a szegfűszeget, ízlés szerint sózzuk, borsozzuk. Adjuk hozzá a húslevest. Lefedve, időnként megkeverve pároljuk, amíg a hús megpuhul és a folyadék mennyisége csökken, 2 1/2-3 óráig. Ha túl sok folyadék van, fedje le a serpenyőt az utolsó 30 percben. Távolítsa el a babérleveleket. Forrón tálaljuk.

Vegyes hús pörkölt, vadász módra

Scottiglia

8-10 adagot tesz ki

Toszkánában, amikor kevés volt a hús, több vadász összegyűlt, és apró darabokat hozott bármilyen húsból, hogy elkészítsék ezt az összetett pörköltet. A marhahústól, csirkehústól, báránytól vagy sertéshústól a fácánig, nyúlig vagy gyöngytyúkig minden hozzáadható vagy helyettesíthető. Minél szélesebb a húsféleség, annál gazdagabb lesz a pörkölt íze.

¼ csésze olívaolaj

1 csirke 8 részre vágva

1 font csont nélküli borjúpörkölt, 2 hüvelykes darabokra vágva

1 kilós báránylapocka, 2 hüvelykes darabokra vágva

1 font sertéslapocka, 2 hüvelykes darabokra vágva

1 nagy vöröshagyma, apróra vágva

2 zsenge zeller tarja, apróra vágva

2 nagy sárgarépa, apróra vágva

2 gerezd fokhagyma, finomra vágva

1 pohár száraz vörösbor

Só

½ teáskanál törött pirospaprika

2 csésze apróra vágott paradicsom, friss vagy konzerv

1 evőkanál apróra vágott friss rozmaring

2 házi készítésű pohárTyúkhúsleves,Húsleves, vagy bolti csirke- vagy marhahúsleves

Díszít

8 szelet olasz vagy francia kenyér

2 nagy gerezd fokhagyma, meghámozva

1. Egy holland sütőben, amely elég nagy ahhoz, hogy minden hozzávalót elférjen, vagy egy másik mély, nehéz serpenyőben, szorosan záródó fedővel, melegítse fel az olajat közepes lángon. Szárítsa meg a húst. Csak annyi darabot adjon hozzá, amennyi kényelmesen elfér egyetlen rétegben. A darabokat minden oldalról jól megpirítjuk, adagonként körülbelül 10 percig, majd tányérra tesszük. Folytassa, amíg az összes hús megpirul.

2. Adja hozzá a hagymát, a zellert, a sárgarépát és a fokhagymát a serpenyőbe. Főzzük, gyakran kevergetve, amíg puha, körülbelül 10 percig.

3. Tegyük vissza a húst a serpenyőbe, és adjuk hozzá a bort, ízlés szerint sózzuk és törött pirospaprikát. Forraljuk fel a folyadékot. Adjuk hozzá a paradicsomot, a rozmaringot és a húslevest. Csökkentse a hőt, hogy a folyadék alig bugyborékoljon. Főzzük, időnként megkeverve, amíg minden hús megpuhul, körülbelül 90 percig. (Ha a szósz túl száraz lesz, adjunk hozzá egy kis vizet.)

4. A kenyérszeleteket megpirítjuk, és a meghámozott fokhagymával bedörzsöljük. A húst és a szószt egy nagy edénybe rendezzük. Helyezze el a kenyérszeleteket körbe. Forrón tálaljuk.

Marhagulyás

Gulyás di Manzo

8 adagot készít

Trentino-Alto Adige északi része egykor Ausztria része volt; világháború után Olaszországhoz csatolták. Ennek eredményeként az étel osztrák, de olasz akcentussal.

A szárított fűszerek, például a paprika, a tartály kinyitása után csak hat hónapig jók. Ezt követően az íze elhalványul. A pörkölt elkészítésekor érdemes új edényt vásárolni. Ügyeljen arra, hogy Magyarországról importált paprikát használjon. Ízlés szerint használhatja az összes édes paprikát vagy az édes és a csípős kombinációját.

3 evőkanál disznózsír, szalonnacsepegés vagy növényi olaj

2 font csont nélküli marhahústokmány, 2 hüvelykes darabokra vágva

Só és frissen őrölt fekete bors

3 nagy hagyma, vékonyra szeletelve

2 gerezd fokhagyma, apróra vágva

2 csésze száraz vörösbor

1/4 csésze édes magyar paprika, vagy édes és csípős paprika kombinációja

1 babérlevél

2 hüvelyk citromhéj

1 evőkanál dupla koncentrált paradicsompüré

1 teáskanál őrölt kömény

1/2 teáskanál szárított majoránna

Friss citromlé

1. Egy nagy holland sütőben vagy más mély, nehéz edényben, szorosan záródó fedővel, közepes lángon melegítse fel a disznózsírt vagy a csöpögést. A húst szárítsa meg, és csak annyi darabot tegyen a serpenyőbe, amennyi kényelmesen elfér egyetlen rétegben. A darabokat minden oldalról jól megsütjük, adagonként körülbelül 10 percig. Tegyük a húst egy tányérra, és szórjuk meg sóval, borssal.

2. Adjuk hozzá a hagymát a serpenyőbe, és főzzük gyakran kevergetve puhára és aranybarnára, körülbelül 15 perc alatt. Adjuk hozzá a fokhagymát. Adjuk hozzá a bort, és kaparjuk ki a

serpenyő alját. Tegye vissza a húst a serpenyőbe. Forraljuk fel a folyadékot.

3. Keverje hozzá a paprikát, a babérlevelet, a citromhéjat, a paradicsompürét, a köményt és a majoránnát. Annyi vizet öntünk hozzá, hogy a húst alig fedje el.

4. Fedjük le az edényt, és főzzük 21/2-3 órán keresztül, vagy amíg a hús megpuhul. Adjuk hozzá a citromlevet. Távolítsa el a babérlevelet és a citrom héját. Kóstolja meg és állítsa be a fűszerezést. Forrón tálaljuk.

Római stílusú ökörfarkú pörkölt

Coda alla Vaccinara

4-6 adagot tesz ki

Bár az ökörfarkokban nem sok hús van, nagyon ízletes és puha, ha lassan, római stílusban párolják. A maradék szósz jó rigatonira vagy más sűrű tésztákra.

¼ csésze olívaolaj

3 kiló ökörfarkkóró, 1½ hüvelykes darabokra vágva

1 nagy hagyma, apróra vágva

2 gerezd fokhagyma, finomra vágva

1 pohár száraz vörösbor

2½ csésze hámozott, kimagozott és apróra vágott friss paradicsom, vagy lecsepegtetett és apróra vágott konzerv paradicsom

¼ teáskanál őrölt szegfűszeg

Só és frissen őrölt fekete bors

2 csésze víz

6 zsenge zellerborda, apróra vágva

1 evőkanál apróra vágott keserű csokoládé

3 evőkanál fenyőmag

3 evőkanál mazsola

1. Egy nagy holland sütőben vagy más mély, nehéz serpenyőben, szorosan záródó fedővel hevítsük fel az olívaolajat. Az ökörfarkkot szárítsa meg, és csak annyi darabot adjon a serpenyőbe, amennyi kényelmesen elfér egyetlen rétegben. A darabokat minden oldalról jól megsütjük, adagonként körülbelül 10 percig. Tegye át a darabokat egy tányérra.

2. Hozzáadjuk a hagymát, és időnként megkeverve aranybarnára sütjük. Keverjük hozzá a fokhagymát, és főzzük még 1 percig. Hozzákeverjük a bort, lekaparjuk az edény alját.

3. Tegye vissza az ökörfarkot a serpenyőbe. Adjunk hozzá paradicsomot, szegfűszeget, sózzuk, borsozzuk ízlés szerint, majd öntsük fel vízzel. Fedjük le az edényt, és forraljuk fel a folyadékot. Csökkentse a hőt, és időnként megkeverve főzzük, amíg a hús megpuhul és leesik a csontról, körülbelül 3 órán keresztül.

4. Közben egy nagy fazék vizet felforralunk. Adjunk hozzá zellert és főzzük 1 percig. Jól lecsepegtetjük.

5. Adjuk hozzá a csokoládét a serpenyőbe az ökörfarkokkal együtt. Hozzáadjuk a zellert, a fenyőmagot és a mazsolát. Felforral. Forrón tálaljuk.

Párolt marha csülök

Garretto al Vino

6 adagot készít

Ebben az ízes pörköltben vastag marha csülökszeleteket párolnak a zöldségekkel és a vörösborral. A hozzá tartozó főtt zöldségeket a főzőlével pürésítjük, hogy finom szószot kapjunk a húshoz. Tálaljuk köret burgonyával vagy polentával, vagy csorgassunk a tetejére egy kevés szószt<u>Burgonya gnocchi</u>.

2 evőkanál sótlan vaj

1 evőkanál olívaolaj

3 (1½ hüvelyk vastag) szelet marhahús csülök (kb. 3 font), jól levágva

Só és frissen őrölt fekete bors

4 sárgarépa, apróra vágva

3 zeller tarja, apróra vágva

1 nagy hagyma, apróra vágva

2 csésze száraz vörösbor

1 babérlevél

1. Egy nagy holland sütőben vagy más vastag, mély serpenyőben, szorosan záródó fedővel, olvasszuk fel a vajat az olajjal. Szárítsa meg a húst, és süsse jól barnára minden oldalát, körülbelül 10 percig. Sózzuk, borsozzuk. Tegye át a húst egy tányérra.

2. Hozzáadjuk a zöldségeket, és gyakran kevergetve kb 10 perc alatt szép barnulásig főzzük.

3. Hozzáadjuk a bort, és fakanállal a serpenyő alját kikaparjuk. 1 percig forraljuk a bort. Tegyük vissza a marhahúst a serpenyőbe, és adjuk hozzá a babérlevelet.

4. Fedjük le a serpenyőt, és csökkentsük a hőt alacsonyra. Ha a folyadék túlságosan elpárolog, adjunk hozzá egy kevés langyos vizet. 2 1/2-3 órán át főzzük, időnként megforgatva a húst, amíg megpuhul, ha egy késsel megszúrjuk.

5. Tegye ki a húst egy tálra, és fedje le, hogy melegen tartsa. Dobja el a babérlevelet. A zöldségeket zöldségdarálón átpasszírozzuk, vagy turmixgépben pürésítjük. Kóstolja meg és állítsa be a fűszerezést. Szükség esetén melegítse fel. A marhahúsra öntjük a zöldségszószt. Azonnal tálaljuk.

Marhahússal töltött padlizsán

Melanzane Ripiene

4-6 adagot tesz ki

A kisméretű, körülbelül három hüvelyk hosszú padlizsánok ideálisak a töltelékhez. Jó melegen vagy szobahőmérsékleten.

2½ csésze<u>Paradicsom szósz</u>

8 kis padlizsán

Só

12 uncia darált marhahústokmány

2 uncia apróra vágott szalámi vagy importált olasz prosciutto

1 nagy tojás

1 gerezd fokhagyma, finomra vágva

⅓ csésze normál száraz zsemlemorzsa

¼ csésze reszelt Pecorino Romano vagy Parmigiano-Reggiano

2 evőkanál apróra vágott friss lapos petrezselyem

Só és frissen őrölt fekete bors

1. Ha szükséges, elkészítjük a paradicsomszószt. Ezután tegyen egy rácsot a sütő közepére. Melegítse elő a sütőt 375 °F-ra. Egy 12×9×2 hüvelykes sütőedényt olajozzon ki.

2. Forraljunk fel egy nagy fazék vizet. A padlizsán tetejét levágjuk, a padlizsánokat pedig hosszában kettévágjuk. Adjuk hozzá a padlizsánt a vízhez ízlés szerint sóval. Pároljuk, amíg a padlizsán megpuhul, 4-5 percig. Tegye a padlizsánokat egy szűrőedénybe, hogy lecsepegjen és kihűljön.

3. Egy kis kanál segítségével kikanalazza a pépet minden padlizsánból, hagyva egy 1/4 hüvelyk vastag héjat. Vágja fel a pépet, és tegye egy nagy tálba. A kagylókat bőrös oldalukkal lefelé elhelyezzük a tepsiben.

4. A padlizsánpéphez hozzáadjuk a marhahúst, a szalámit, a tojást, a fokhagymát, a zsemlemorzsát, a sajtot, a petrezselymet, ízlés szerint sózzuk, borsozzuk. A keveréket a padlizsán héjába öntjük, a tetejét elsimítjuk. Öntsük a paradicsomszószt a padlizsánokra.

5. Addig sütjük, amíg a töltelék meg nem fő, körülbelül 20 percig. Forrón vagy szobahőmérsékleten tálaljuk.

Nápolyi húsgombóc

Polpette

6 adagot készít

Anyám hetente egyszer elkészített egy adagot ebből a húsgombócból, hogy hozzáadja egy nagy fazék ragúhoz. Valahányszor nem kereste, valaki felkapott egyet a fazékból, hogy enni egyet. Ezt persze tudta, ezért gyakran dupla adagot készített.

3 csésze nápolyi ragù Vagy Marinara szósz

1 kiló darált marhahústokmány

2 nagy tojás, felverve

1 nagy gerezd fokhagyma, finomra vágva

½ csésze frissen reszelt Pecorino Romano

½ csésze sima zsemlemorzsa

2 evőkanál finomra vágott friss lapos petrezselyem

1 teáskanál sót

Frissen őrölt fekete bors

¼ csésze olívaolaj

1. Ha szükséges, elkészítjük a ragút vagy a szószt. Ezután egy nagy tálban keverje össze a marhahúst, a tojást, a fokhagymát, a sajtot, a zsemlemorzsát, a petrezselymet, a sót és a borsot ízlés szerint. Kézzel alaposan keverje össze az összes hozzávalót.

2. Öblítse le a kezét hideg vízzel, hogy ne ragadjon le, majd formázzon enyhén 2 hüvelykes golyókat a keverékből. (Ha lasagne-hoz vagy sült zitihez használjuk a húsgombócokat, formázzuk a húsból körülbelül egy kis szőlő méretű golyókat.)

3. Melegítsük fel az olajat egy nagy, nehéz serpenyőben közepes lángon. Hozzáadjuk a húsgombócokat, és minden oldalukon szép barnára sütjük, körülbelül 15 perc alatt. (Csípővel óvatosan megfordítjuk.) A húsgombócokat tányérra tesszük.

4. Tegye át a húsgombócokat a ragú- vagy paradicsomszószos serpenyőbe. Pároljuk, amíg meg nem fő, körülbelül 30 percig. Forrón tálaljuk.

Fasírt fenyőmaggal és mazsolával

Polpette Pinolival és Uve Secche-vel

20 db 2 hüvelykes húsgombóc készül belőle

A jó, lédús húsgombóc vagy fasírt titka az, hogy kenyeret vagy zsemlemorzsát adunk a keverékhez. A kenyér magába szívja a húslevet, és megtartja azt, míg a hús sül. Az extra ropogós külső érdekében ezeket a húsgombócokat főzés előtt száraz zsemlemorzsában is megforgatjuk. Ezt a receptet Kevin Benvenuti barátom adta, aki egy ínyenc butik tulajdonosa a floridai Westinben. A recept a nagymamája, Carolina receptje volt.

Egyes szakácsok szeretik kihagyni a sütési lépést, és a húsgombócokat közvetlenül a szószhoz adják. A húsgombóc puhább lesz. Jobban szeretem a sütésnél kapott szilárdabb állagot és jobb ízt.

3 csésze nápolyi ragù vagy egy másik paradicsom szósz

1 csésze sima száraz zsemlemorzsa

4 szelet olasz kenyér, a kéreg eltávolítása és kis darabokra tépve (kb. 2 csésze)

½ csésze tej

2 kiló vegyes darált marha-, borjú- és sertéshús

4 nagy tojás, enyhén felverve

2 gerezd fokhagyma, finomra vágva

2 evőkanál finomra vágott friss lapos petrezselyem

½ csésze mazsola

½ csésze fenyőmag

½ csésze reszelt Pecorino Romano vagy Parmigiano-Reggiano

1½ teáskanál só

¼ teáskanál frissen őrölt szerecsendió

Frissen őrölt fekete bors

¼ csésze olívaolaj

1. Ha szükséges, elkészítjük a ragút vagy a szószt. Helyezze a zsemlemorzsát egy sekély tálba. Ezután áztassa a kenyeret tejben 10 percig. Csepegtessük le a kenyeret, és csavarjuk ki belőle a felesleges folyadékot.

2. Egy nagy tálban keverje össze a húsokat, kenyeret, tojást, fokhagymát, petrezselymet, mazsolát, fenyőmagot, sajtot, sót,

szerecsendiót és borsot ízlés szerint. Kézzel alaposan keverje össze az összes hozzávalót.

3. Öblítse le a kezét hideg vízzel, hogy ne ragadjon le, majd formázzon enyhén 2 hüvelykes golyókat a keverékből. A húsgombócokat enyhén megforgatjuk zsemlemorzsában.

4. Melegítsük fel az olajat egy nagy, nehéz serpenyőben közepes lángon. Hozzáadjuk a húsgombócokat, és minden oldalukon szép barnára sütjük, körülbelül 15 perc alatt. (Óvatosan forgassa meg őket fogóval.)

5. Helyezze a húsgombócokat a ragúba vagy a szószba. Pároljuk, amíg meg nem fő, körülbelül 30 percig. Forrón tálaljuk.

Káposzta és paradicsom húsgombóc

Polpettine Stufato a Cavoloval

4 adagot készít

A húsgombóc egyike azoknak a lélekkeltő ételeknek, amelyeket szinte mindenhol, minden bizonnyal Olaszország minden régiójában készítenek. Az olaszok azonban soha nem szolgálnak fel fasírtot spagettivel. Úgy érzik, a hús nehezsége elnyomná a finom tésztaszálakat. Ezenkívül a tészta az első fogás, és minden falatnál nagyobb húst második fogásként szolgálnak fel. Ebben a Friuli Venezia Giulia-i receptben a húsgombócokat párolt káposztával tálalják. Ez egy kiadós étel a hideg éjszakákon.

2 gerezd fokhagyma, finomra vágva

2 evőkanál olívaolaj

1 kis fejes káposzta, lereszelve

1½ csésze lecsepegtetett egész paradicsomkonzerv, apróra vágva

Só

Húsgolyók

1 csésze tépett kéregtelen olasz vagy francia kenyér

½ csésze tej

1 kiló darált marhahústokmány

1 nagy tojás, felvert

½ csésze frissen reszelt Parmigiano-Reggiano

1 nagy gerezd fokhagyma apróra vágva

2 evőkanál apróra vágott friss lapos petrezselyem

Só és frissen őrölt fekete bors

¼ csésze olívaolaj

1. Egy nagy serpenyőben olívaolajon, közepes lángon főzzük a fokhagymát enyhén barnára, körülbelül 2 perc alatt. Adjuk hozzá a káposztát és jól keverjük össze. Adjuk hozzá a paradicsomot és ízlés szerint sózzuk. Fedjük le, és lassú tűzön, időnként megkeverve főzzük 45 percig.

2. Egy közepes tálban keverje össze a kenyeret és a tejet. Hagyja állni 10 percig, majd nyomja ki a felesleges tejet.

3. Egy nagy tálban keverje össze a marhahúst, a kenyeret, a tojást, a sajtot, a fokhagymát, a petrezselymet, a sót és a borsot ízlés szerint. Kézzel alaposan keverje össze az összes hozzávalót.

4. Öblítse le a kezét hideg vízzel, hogy ne ragadjon le, majd enyhén formázzon a húskeverékből 2 hüvelykes golyókat. Melegítsük fel az olajat egy nagy, nehéz serpenyőben közepes lángon. A húsgombócokat minden oldalról szép barnára sütjük. (Csípővel óvatosan megfordítjuk.) A húsgombócokat tányérra tesszük.

5. Ha sok folyadék van az edényben a káposztával, hagyjuk rajta a fedőt, és főzzük addig, amíg a káposzta nem süllyed. Adjuk hozzá a húsgombócokat, és borítsuk be a káposztával. Főzzük még 10 percig. Forrón tálaljuk.

Húsgombóc, bolognai módra

Bolognai polpette

6 adagot készít

Ez a recept a bolognai Trattoria Gigana egyik ételének adaptációja. Bár ugyanolyan kézműves, mint bármely húsgombóc recept, a húskeverékben lévő mortadella és a paradicsomszószban lévő tejszín egy kicsit kifinomultabbá teszi.

SZÓSZ

1 kis hagyma, apróra vágva

1 közepes sárgarépa, apróra vágva

1 kis borda zsenge zeller, finomra vágva

2 evőkanál olívaolaj

1 1/2 csésze paradicsompüré

1/2 csésze kemény tejszín

Só és frissen őrölt fekete bors

Húsgolyók

1 kiló sovány darált marhahús

8 uncia mortadella

1/2 csésze frissen reszelt Parmigiano-Reggiano

2 nagy tojás, felverve

1/2 csésze sima száraz zsemlemorzsa

1 teáskanál kóser vagy tengeri só

1/4 teáskanál őrölt szerecsendió

Frissen őrölt fekete bors

1. Készítse el a mártást: Egy nagy serpenyőben vagy egy vastag serpenyőben süsse meg a hagymát, a sárgarépát és a zellert olívaolajon, közepes lángon, amíg aranysárga és puha, körülbelül 10 perc alatt. Adjuk hozzá a paradicsomot, a tejszínt, sózzuk, borsozzuk ízlés szerint. Felforral.

2. A húsgombócok elkészítése: A húsgombóc hozzávalóit egy nagy tálba tesszük. Kézzel alaposan keverje össze az összes hozzávalót. Öblítse le a kezét hideg vízzel, hogy ne ragadjon le, majd formázzon enyhén 2 hüvelykes golyókat a keverékből.

3.Tedd át a húsgombócokat a pároló szószba. Fedjük le, és főzzük, időnként megforgatva a húsgombócokat, amíg meg nem fő, körülbelül 20 percig. Forrón tálaljuk.

Marsala húsgombóc

Polpette al Marsala

4 adagot készít

Arthur Schwartz barátom, a nápolyi konyha szakértője leírta nekem ezt a receptet, amely elmondása szerint Nápolyban nagyon népszerű.

1 csésze kéregtelen olasz kenyér, darabokra tépve

¼ csésze tej

Körülbelül ½ csésze univerzális liszt

1 kiló kerek darált marhahús

2 nagy tojás, felverve

½ csésze frissen reszelt Parmigiano-Reggiano

¼ csésze apróra vágott sonka

2 evőkanál apróra vágott friss lapos petrezselyem

Só és frissen őrölt bors

3 evőkanál sótlan vaj

½ csésze száraz Marsala

½ csésze házilagHúslevesvagy bolti marhahúsleves

1. Egy kis tálban áztassa a kenyeret a tejben 10 percig. Csavarja ki a folyadékot. Helyezze a lisztet egy sekély tálba.

2. Egy nagy tálban keverje össze a kenyeret, a marhahúst, a tojást, a sajtot, a sonkát, a petrezselymet, a sót és a borsot. Kézzel alaposan keverje össze az összes hozzávalót. Öblítse le a kezét hideg vízzel, hogy megakadályozza a ragadást, majd enyhén formázzon a keverékből nyolc 2 hüvelykes golyót. Forgasd meg a golyókat lisztben.

3. Egy akkora serpenyőben, hogy az összes húsgombóc elférjen, olvasszuk fel a vajat közepes-alacsony lángon. Hozzáadjuk a húsgombócokat, és csipesszel óvatosan megforgatva kb 15 perc alatt szép barnára sütjük. Adjuk hozzá a Marsalát és a húslevest. 4-5 percig főzzük, amíg a folyadék el nem fogy, és a húsgombócok megpuhulnak. Forrón tálaljuk.

Fasírt, régi nápolyi stílusban

Santa Chiara Polpettone

4-6 adagot tesz ki

Ez a recept sütést igényel, bár eredetileg a kenyeret egy serpenyőben mindenütt megpirították, majd lefedett serpenyőben kevés borral megsütötték. A közepén található keménytojás telitalálat hatást kelt, amikor a kenyeret felszeleteljük. Bár ez a recept minden marhahúst megkövetel, a darált húsok keveréke jól működik.

2/3 csésze napos olasz kenyér kéreg nélkül

1/3 csésze tej

1 kiló kerek darált marhahús

2 nagy tojás, felverve

Só és frissen őrölt fekete bors

4 uncia füstöletlen sonka, apróra vágva

1/2 csésze apróra vágott pecorino romano vagy provolone sajt

4 evőkanál sima száraz zsemlemorzsa

2 keményre főtt tojás

1. Helyezzen egy rácsot a sütő közepére. Melegítse elő a sütőt 350 °F-ra. Olajozzon ki egy 9 hüvelykes négyzet alakú serpenyőt.

2. Áztassa a kenyeret a tejben 10 percig. Nyomja össze a kenyeret, hogy eltávolítsa a felesleges folyadékot.

3. Egy nagy tálban keverje össze a marhahúst, a kenyeret, a tojást, sót és borsot ízlés szerint. Adjuk hozzá a sonkát és a sajtot.

4. Egy nagy viaszpapírra szórjuk a zsemlemorzsa felét egy viaszpapírra. A húskeverék felét a papíron 8×4 hüvelykes téglalappá terítsük. A két főtt tojást hosszában egymás után középre helyezzük. Halmozzuk rá a maradék húskeveréket, nyomjuk össze a húst, hogy szép, körülbelül 8 hüvelyk hosszú cipót kapjunk. Helyezze a kenyeret az előkészített tepsibe. A tetejét és az oldalát megszórjuk a maradék morzsával.

5. Süssük a kenyeret körülbelül 1 órán keresztül, vagy amíg a belső hőmérséklet el nem éri a 155 °F-ot egy azonnali leolvasású hőmérőn. Szeletelés előtt hagyjuk hűlni 10 percig. Forrón tálaljuk.

Fazék sült vörösborral

Brasato al Barolo

6-8 adagot tesz ki

A piemonti szakácsok nagy darab marhahúst párolnak a régió Barolo borában, de egy másik kiadós száraz vörösbor is bevált.

3 evőkanál olívaolaj

1 csont nélküli marhahústokmány vagy alsó körsült (kb. 3 1/2 font)

2 uncia pancetta, apróra vágva

1 közepes vöröshagyma, apróra vágva

2 gerezd fokhagyma, finomra vágva

1 csésze száraz vörösbor, például Barolo

2 csésze hámozott, kimagozott és apróra vágott paradicsom

2 házi készítésű pohár Húsleves vagy bolti marhahúsleves

2 sárgarépa, szeletelve

1 zeller tarja, szeletelve

2 evőkanál apróra vágott friss lapos petrezselyem

Só és frissen őrölt fekete bors

1. Egy nagy holland sütőben vagy más nehéz, mély fazékban, szorosan záródó fedővel, melegítsük fel az olajat közepes lángon. Hozzáadjuk a marhahúst, és minden oldalát jól megpirítjuk, körülbelül 20 percig. Ízlés szerint sózzuk, borsozzuk. Tegyük át egy tányérra.

2. Távolítson el minden zsírt, kivéve két evőkanálnyit. Adjuk hozzá a pancettát, a hagymát és a fokhagymát a serpenyőbe. Főzzük, gyakran kevergetve, amíg puha, körülbelül 10 percig. Adjuk hozzá a bort és forraljuk fel.

3. Adjuk hozzá a paradicsomot, a húslevest, a sárgarépát, a zellert és a petrezselymet. Fedjük le az edényt, és forraljuk fel a folyadékot. Lassú tűzön főzzük, időnként megforgatva a húst 2 1/2-3 órán keresztül, vagy villával megszúrva, amíg puha nem lesz.

4. Tegye át a húst egy tányérra. Fedjük le és tartsuk melegen. Ha a serpenyőben lévő folyadék túl hígnak tűnik, növelje a hőt, és forralja, amíg kissé csökken. Kóstoljuk meg a szószt, és állítsuk be a fűszerezést. A marhahúst felszeleteljük, és a mártással forrón tálaljuk.

Sült hagymás szósszal és tésztával

La Genovese

8 adagot készít

A hagyma, a sárgarépa, a prosciutto és a szalámi a fő ízesítő összetevői ennek a lágy sültnek. Ez egy régi nápolyi recept, amely a régió legtöbb ételével ellentétben nem tartalmaz paradicsomot. A történészek azt magyarázzák, hogy évszázadokkal ezelőtt a Genova és Nápoly kikötője között utazó tengerészek visszahozták magukkal ezt az ételt.

A Genovese a nagymamám specialitása volt, aki a hagymaszószt mafaldára, hosszú, hullámos szélű tésztaszalagokra, vagy hosszú fusillira tálalta. A felszeletelt húst ezután a maradék szósszal fogyasztották el második fogásként.

2 evőkanál olívaolaj

1 csont nélküli marhahústokmány vagy alsó körsült (kb. 3 1/2 font)

Só és frissen őrölt fekete bors

6-8 közepes hagyma (kb. 3 font), vékonyra szeletelve

6 közepes sárgarépa, vékonyra szeletelve

2 uncia genovai szalámi, vékony csíkokra vágva

2 uncia importált olasz prosciutto vékony csíkokra vágva

1 font mafalde vagy fusilli

Frissen reszelt Parmigiano-Reggiano vagy Pecorino Romano

1. Helyezzen egy rácsot a sütő közepére. Melegítse elő a sütőt 325 °F-ra. Egy nagy holland sütőben vagy más nehéz, mély fazékban, szorosan záródó fedővel, melegítsük fel az olajat közepes lángon. Hozzáadjuk a húst, és minden oldalát jól megpirítjuk, körülbelül 20 perc alatt. Sóval, borssal megszórjuk. Amikor a hús teljesen megpirult, tegyük át egy tányérra, és csepegtessük le a zsírt a serpenyőről.

2. Öntsön 1 csésze vizet a serpenyőbe, és fakanállal kaparja le az alját, hogy meglazítsa a megbarnult darabokat. Adja hozzá a hagymát, a sárgarépát, a szalámit és a prosciuttót a serpenyőbe. Tegye vissza a sültet az edénybe. Fedjük le és forraljuk fel a folyadékot.

3. Helyezze át a serpenyőt a sütőbe. Főzzük, időnként megforgatva a húst 21/2-3 órán keresztül. vagy villával átszúrva nagyon puhára.

4. Körülbelül 20 perccel azelőtt, hogy a hús készen állna, forraljon fel egy nagy fazék vizet. Adjunk hozzá 2 evőkanál sót, majd a tésztát, finoman nyomkodjuk, amíg teljesen el nem fedi a víz. Főzzük al dente-ig, csak puhára, de harapásig keményre.

5. Ha kész, tegyük át a húst egy tálra. Fedjük le és tartsuk melegen. Hagyja kissé kihűlni a szószt. A serpenyő tartalmát pürésítsük úgy, hogy egy malomban passzírozzuk, vagy robotgépben vagy turmixgépben turmixoljuk össze. Kóstolja meg és állítsa be a fűszerezést. Tegyük vissza a szószt a hússal együtt az edénybe. Óvatosan melegítse újra.

6. A tésztára tálaljuk egy kevés szószt. Megszórjuk sajttal. Ha szükséges, melegítse fel a szószt és a húst. A húst felszeleteljük, és a maradék szósszal második fogásként tálaljuk.

www.ingramcontent.com/pod-product-compliance
Lightning Source LLC
Chambersburg PA
CBHW050348120526
44590CB00015B/1612